新时代智库出版的领跑者

国家智库报告（2021）
National Think Tank (2021)

中国宏观经济与财政政策分析报告
（2020）

THE ANALYSIS CHINA'S MACRO ECONOMIC SITUATION AND FISCAL POLICY (2020)

闫坤　等著

中国社会科学出版社

图书在版编目(CIP)数据

中国宏观经济与财政政策分析报告.2020 / 闫坤等著. —北京：中国社会科学出版社，2021.5
（国家智库报告）
ISBN 978-7-5203-8115-4

Ⅰ.①中… Ⅱ.①闫… Ⅲ.①中国经济—宏观经济—经济分析—研究—2020②财政政策—政策分析—中国—2020
Ⅳ.①F123.16②F812.0

中国版本图书馆 CIP 数据核字（2021）第 046120 号

出 版 人	赵剑英
项目统筹	王 茵 喻 苗
责任编辑	喻 苗
责任校对	韩天炜
责任印制	李寡寡

出　　版	中国社会科学出版社
社　　址	北京鼓楼西大街甲 158 号
邮　　编	100720
网　　址	http://www.csspw.cn
发 行 部	010-84083685
门 市 部	010-84029450
经　　销	新华书店及其他书店
印刷装订	北京君升印刷有限公司
版　　次	2021 年 5 月第 1 版
印　　次	2021 年 5 月第 1 次印刷
开　　本	787×1092　1/16
印　　张	15.25
插　　页	2
字　　数	139 千字
定　　价	89.00 元

凡购买中国社会科学出版社图书，如有质量问题请与本社营销中心联系调换
电话：010-84083683
版权所有　侵权必究

摘要：2020 年，面对严峻复杂的国内外形势和新冠肺炎疫情的严重冲击，在中共中央的坚强领导下，中国成为全球主要经济体中唯一实现经济正增长的国家。与此同时，2020 年全球经济萎缩约 4%，中国对世界经济的贡献更加凸显，全球经济格局中的地位进一步提升。在新冠肺炎疫情突发事件之下，财政政策在抗击疫情、经济复苏、刺激生产和消费等方面"立竿见影"效果凸显，成为拯救全球经济的最主要宏观政策工具。中国出台的特别国债等财政政策也被证明是积极有效的。

关键词：中国宏观经济；全球经济；财政政策；新冠肺炎疫情

Abstract: In 2020, under the strong leadership of the CPC Central Committee, China was the only major economy in the world to achieve positive economic growth in the face of the severe and complex domestic and international situation and the severe impact of the COVID-19 epidemic. Meantime, the global economy shrank by about 4% in 2020. China's contribution to the world economy became more prominent and its position in the global economic landscape further rose. Under the sudden outbreak of the COVID-19 epidemic, the immediate effect of fiscal policy in fighting against the epidemic, economic recovery, and stimulating production and consumption became more prominent, and became the most important macro policy tool to save the global economy. China's proactive fiscal policies, such as special bonds, have also proved to be reasonable and effective.

Key Words: China's Macro Economy; Global Economy; Fiscal Policy; COVID-19

前　言

　　世界经济总因分歧与共谋而跌宕起伏，变幻莫测。为此，中国宏观经济与财政政策分析课题组自 2008 年成立以来，以季度为单元，始终关注中国宏观经济的运行和世界经济的发展情况。对各国财政收支及风险情况、宏观调控的搭配框架，以及财政政策的运行和调整方案等做了深入的跟踪分析，形成了系列季度报告。通过对各季度报告的整理编排，2008—2019 年十年间课题组每两年出版一本成果，2020 年起每年出版一本成果。本书由课题组 2020 年度的研究成果整理而成。

　　2020 年，百年一遇的新冠肺炎疫情重创全球经济。各国封锁措施一度使经济大面积停摆、失业率飙升，二季度 GDP 跌幅普遍创历史极值；疫情缓解后解封重启经济虽然使三季度 GDP 略有反弹，但也造成疫情强烈反扑；一些国家被迫重新"禁足"，四季度经济活动再次收缩。经济合作与发展组织（OECD）在

2020年12月发布的《将希望变成现实》经济展望报告中预测，2020年全球经济萎缩4.2%。世界银行在2021年1月发布的《全球经济展望》中认为，2020年全球经济萎缩4.3%。

尽管全球经济没有像2020年上半年预测的那样，出现1929—1933年大萧条的悲观景况，但新冠肺炎疫情大流行的冲击仍然是巨大的和长期的，成为2020年欧美各国财政政策和货币政策的主要着力点。很大程度上讲，也正是因为全球主要经济体及时出台财政货币救助政策，全球经济才保持了一定的稳定性。

全球经济遭受新冠肺炎疫情冲击的同时，由于宏观经济政策效力以及经济本身韧性的差异，各国复苏出现了明显的不平衡，中国在全球经济格局的地位进一步提升。2020年，中国较好地控制了疫情，经济较早开始复苏，成为全球主要经济体中唯一正增长的国家。世界银行、IMF、OECD等国际机构预测，2021年中国仍将是全球经济的主要引擎，增长率接近甚至高于8%，对全球经济增长的贡献将超过三分之一。中国作为全球第二大经济体将对全球经济发挥更加重要的作用。其中，特别国债等一些财政政策的及时出台和高效执行，为中国抗疫和稳增长作出了重大贡献。

当今世界正经历百年未有之大变局，新一轮科技革命和产业变革深入发展，同时国际环境日趋复杂，不稳定性、不确定性明显增加。尤其是，新冠肺炎疫情大流行，强化了经济全球化的逆流，加剧了各国间的战略博弈，全球产业链供应链面临深度重构，科技竞争成为发展的关键变量。欧美一些国家封锁国门，对5G、生物医药等产业置于"国家主权"的高度作出种种不合理的制度壁垒，对发展中国家实施科技封锁，限制重要科技产品的出口以及国际间的科技交流活动。在这样的国际背景之下，中国提出构建双循环新发展格局，并加强了对科技自主研发的财政支持力度，为中国经济长期增长打下坚实的发展基础。

2021年是"十四五"的开局之年，也是建党100周年，稳定经济增长具有十分重要的意义。财政是国家治理的基础和重要支柱，财政政策是宏观政策的重要组成部分。2020年12月召开的中共中央经济工作会议指出，2021年宏观政策要保持连续性、稳定性、可持续性，积极的财政政策要提质增效、更可持续。会议的一系列部署，指明了2021年积极财政政策的方向路径，推动财政政策更好地为加快形成新发展格局提供有效支撑。我们相信，在中共中央的正确领导下，以积极的财政政策等宏观经济政策的保障和支撑执行，中国各类市场主体和个人一定可以突破疫情冲击和国外科技封锁，有效应对国内外复杂经济环境，取得2021年经济稳健增长目标。

目 录

**新冠肺炎疫情冲击下的中美经济运行与应对策略
（2020 年第一季度）** …………………………（1）
  一 美国"空"经济：总需求受到重大打击，
    但资产负债表仍然正常 ………………（2）
  二 中国"宅"经济：总需求、供应链双向
    承压，疫情防控取得重大成果 …………（24）
  三 优化支出结构，加强债务管理，保障
    财政平衡 ………………………………（38）
  四 应对疫情挑战，推进复产复兴的
    宏观调控框架与要点 …………………（43）

**全球新冠肺炎疫情背景下如何化危为机
（2020 年第二季度）** …………………………（56）
  一 美国深陷新冠，经济复苏曲折 …………（56）
  二 中国经济温和复苏，结构化改革效果
    显现 ……………………………………（77）
  三 积极财政政策效果显著，期待更大力度……（95）

四　化危为机，加大对科技的投入 ………… （103）

中国宏观经济稳健复苏与财政政策优化思路
（2020 年第三季度） ………………………… （114）
　　一　全球经济复苏之路不平衡、充满波折 … （114）
　　二　中国经济稳健复苏 …………………… （132）
　　三　财政赤字持续扩大，政策后劲依靠
　　　　效率提升 ………………………………… （142）
　　四　优化财政政策，在全球动荡中加快提升
　　　　创新链产业链供应链水平 ……………… （150）

疫情再暴发期的中美经济调整与宏观政策互动
（2020 年第四季度） ………………………… （166）
　　一　美国经济仍有较强韧性，新一轮纾困
　　　　政策效力可期 …………………………… （167）
　　二　中国宏观经济形势全面好转，结构性
　　　　问题仍较为复杂 ………………………… （186）
　　三　财政形势总体好于预期，仍有多项
　　　　问题值得关注 …………………………… （206）
　　四　以扩内需、常态化、去杠杆、增收益
　　　　作为财政政策治理的主体框架 ………… （212）

参考文献 ……………………………………… （227）

新冠肺炎疫情冲击下的中美经济运行与应对策略

（2020年第一季度）

2020年第一季度，世界经济受到了新冠肺炎疫情的冲击，各主要经济体都不得不放慢经济发展的脚步，应对新冠肺炎疫情的快速蔓延对人类健康和社会运行带来的巨大风险。中美两大经济体受到疫情的影响是首当其冲的，2020年1月，新冠肺炎疫情在武汉形成社区性传播，随着春节假期的临近，疫情快速向全国蔓延，中国总体进入为期40天（自1月21日至2月29日）的"宅"经济阶段；而3月起，美国的新冠肺炎疫情总体进入社区传播阶段，随后美国成为全球新冠肺炎的最大感染国，到4月30日美国公布第一季度经济数据的时间点，累计确诊病例超过103万例，死亡病例超过6万例，美国总体上进入为期60天的疫情防控应对所形成的"空"经济阶段。分析这一时期的中美两国经济特征，特别是新冠肺炎疫情作为重大外部经济冲击所带来的影响，以及两国宏观政策应对的系统性和有效性，就成为本文的基本立足点和立论点。

一　美国"空"经济：总需求受到重大打击，但资产负债表仍然正常

2020年第一季度，美国在运行的后半程受到新冠肺炎疫情的剧烈冲击，中断了自2010年第一季度以来的经济复苏和增长进程，美国自第二次世界大战后预期最长的增长周期（到2020年2月已经增长了120个月，接近历史最长的周期127个月）骤然停止。面对这种情形，美国联邦政府和美国联邦储备系统（以下简称"美联储"）断然启动史上最强、最快、最全的应对计划，但直至目前，其目标仍是着力于短期，形成了"扩需稳价不修表"的总体调控框架。

（一）美国经济运行：总需求急剧下滑，宏观资产负债表总体平稳

2020年第一季度，美国GDP增速为 -4.8%，终止了自2010年第一季度以来连续40个季度的增长，持续的就业高增长也宣告终结，3月失业率高达

4.4%，4月预计还将进一步上升。美国经济进入1975年"美元危机"以来压力最大的时点。正确分析美国这一时期的主要矛盾，找到新冠肺炎疫情对美国经济冲击的切入点和传导主线，是正确分析美国经济形势（甚至是世界经济形势）、正确理解并预测美国经济调控的政策取向的关键。

1. 经济总量绝对下降，国内需求总体"熄火"

2020年第一季度，美国实际GDP增速为-4.8%，年化增加值规模为18.99万亿美元，[①] 较2019年第四季度减少了2341亿美元；按现价计算的增加值年化值为21.54万亿美元，增速为-3.5%，较2019年第四季度减少了1912亿美元。美国GDP总量已出现绝对量减少情况，必将影响企业利润、政府税收（间接税）、职工收入和资产折旧补偿等各个构成环节的运行。

从总需求的"三驾马车"来看，消费在美国经济中一直居于主体地位。2020年第一季度，美国个人消费减少了2608亿美元，仅为13.15万亿美元，[②] 增速为-7.6%。在疫情暴发前，美国消费者信心指数达到101，而4月9日已跌至71（如图1所示），美国消费能力急剧下降。

[①] 根据美国国家经济分析局（BEA）的统计，不变价为2012年的基期价格。

[②] 按BEA的统计模式，该值为年化值，下同。

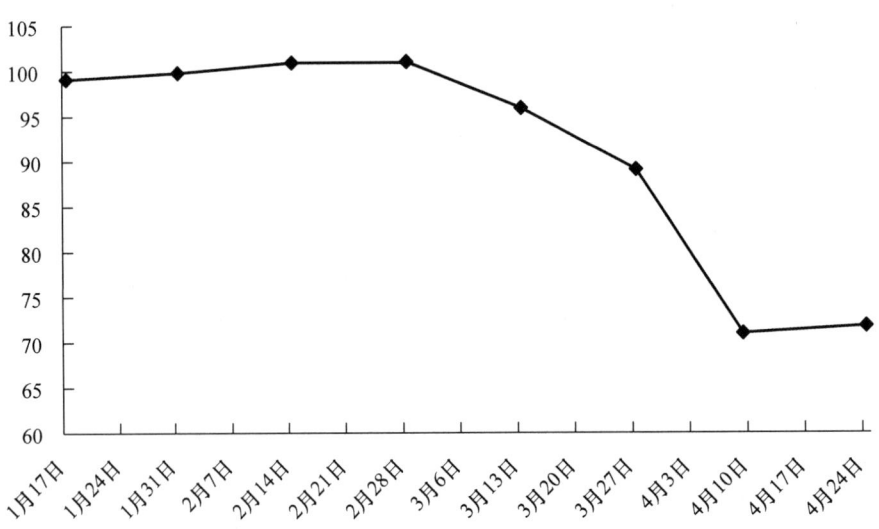

图 1　2020 年以来美国消费者信心指数基本态势

数据来源：美国密歇根大学数据库。

从美国私人投资来看，2020 年第一季度总投资规模为 33149 亿美元（年化值），较 2019 年第四季度减少了 484 亿美元，降速为 1.43%。其中，固定资产投资总额减少 215 亿美元，增速为 -2.6%；存货投资减少 294 亿美元（主要是因为价格调整效应的影响，实际存货量未出现明显变化）。值得注意的是，美国固定资产投资的下降主要来自海外投资（非居民投资），2020 年第一季度的规模为 26649 亿美元，较 2019 年第四季度减少了 608 亿美元，降幅为 2.2%；居民固定资产投资则达到 6326 亿美元，较 2019 年第四季度增加 295 亿美元，增长了 4.9%。

从美国货物和服务贸易的出口情况来看，2020 年第一季度，美国货物和服务贸易净出口总额为-8174亿美元（年化值），较2019年第四季度增加833亿美元。其中，出口减少569亿美元，下降8.7%（货物出口减少53亿美元，下降1.2%；服务出口减少444亿美元，下降21.5%）；进口减少1401亿美元，下降15.3%（货物进口减少851亿美元，下降11.4%；服务进口减少484亿美元，下降29.8%）。从3月单月数据来看，出口为1877亿美元，较2月减少200亿美元；进口2322亿美元，较2月减少154亿美元；贸易赤字为445亿美元，增加约46亿美元。

2. 居民收入和企业留成收入基本稳定，资产负债表暂时平稳

与国内的很多猜测和设想不同，美国2020年第一季度的居民收入和企业留成收入水平基本稳定，居民和企业资产负债表暂时平稳。具体表现如下。

2020年第一季度，以现行价格计算的居民收入较2019年第四季度增加952亿美元，但低于2019年第四季度新增1441亿美元的水平。其中，可支配收入新增规模为767亿美元，增速为1.9%，而2019年第四季度新增1237亿美元，增速为3.0%。从上述指标看，总体状况并不悲观。

从职工收入的情况来看，2020年第一季度以职工收入为测算对象的雇员薪酬总额为115592亿美元，[①]

[①] 年化值，下同。

2019年第四季度为115482亿美元，总体略增110亿美元。其中，基础薪金为93983亿美元（2019年第四季度为93963亿美元），附加薪金为21609亿美元（2019年第四季度为21519亿美元），均略好于2019年第四季度的情况，美国在岗职工收入和居民可支配收入、总收入的情况均未恶化，居民资产负债表如果流动性正常，不恐慌性地处置资产，就可以维持在良好的运行区间。

从企业端来看，2020年第一季度企业端的留成收入约为36091亿美元，与2019年第四季度的37248亿美元相差不大，属于平稳的水平。其中，企业利润为19950亿美元，较2019年第四季度的21310亿美元减少了1360亿美元，主要受到3月份服务业利润大幅下滑的影响；租金收入为7978亿美元，略高于2019年第四季度的7827亿美元；利息收入为6406亿美元，基本持平于2019年第四季度的6415亿美元；而净转移支付收入达到1757亿美元，较2019年第四季度高约61亿美元。总体上，除企业利润承压以外，企业经营的基础和条件都相对较好，只要总需求回暖，生产得以进行，企业资产价格不出现大的变化，企业资产负债表也就将具有良好的稳定性。

值得一提的是，一季度美国固定资产折旧依然按照正常水平计提，共16985亿美元（2019年第四季度为 16956 亿美元），为美国经济的复苏和固定资产投资的开展提供了良好的条件。

3. 就业压力凸显，物价保持稳定

2020年第一季度，美国就业压力骤然加大，但没有达到市场所说的15%左右的情况。美国劳工统计局（BLS）统计，2020年第一季度三个月的失业率分别为3.6%、3.5%和4.4%，很明显，3月份的压力急剧上升（如图2所示）。从新增就业岗位的情况来看，3月份美国非农就业岗位减少70.1万个，结束了113个月的历史上最长周期的就业增长。从新增就业人数来看，1月份为22.5万人，2月份达到27.5万人，而3月份为-10万人。从劳动参与率来看，1月份和2月份的劳动参与率均维持在63.4%，3月则为62.7%。根据上述分析，至3月底，美国新增失业人数按失业率及就业参与率下降所涉及的人数计算，失业劳动力的数量在600万到650万人之间。4月份将更加突出，预计将突破1000万人，失业率将达到8.5%以上。

美联储认为，美国实际失业压力和消失掉的就业岗位数量更大。受到新冠肺炎疫情冲击而直接停止营业或不具备继续营业政策条件的企业就业岗位将减少2730万个，而另有3950万个岗位会受到关联影响和间接冲击而失去，这样，新冠肺炎疫情带给美国的综合影响是消失约6680万个就业岗位，并导致约7000万

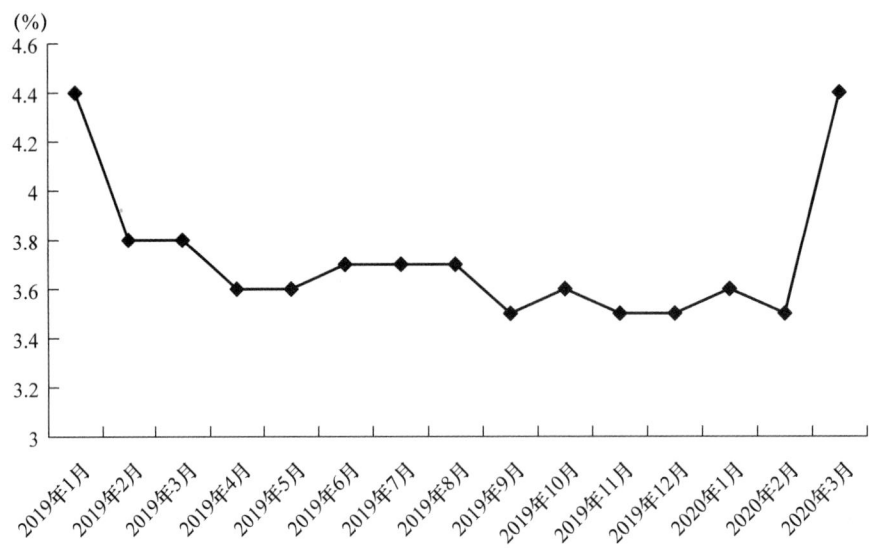

图 2　2019 年以来美国失业率统计

资料来源：美国劳工统计局（BLS）数据库。

人失业。

受到恩格尔系数较低、国际油价持续低位和居民消费空间受限等因素的影响，一季度美国通胀水平保持正常。从美国 BEA 的 GDP 消涨指数来看，2020 年第一季度的消涨指数是 1.3，这一数值与 2019 年第四季度的水平持平，明显低于 2019 年第二季度和第三季度的 2.4 和 1.8 的水平。而从美国劳工统计局公布的 CPI 数值来看，1—3 月的 CPI 与 2019 年的运行情况基本一致，其中 3 月份的 CPI 明显下降（如图 3 所示）。总体来看，美国物价形势较为稳定，低物价为美国货币政策的大规模推行创造了条件。

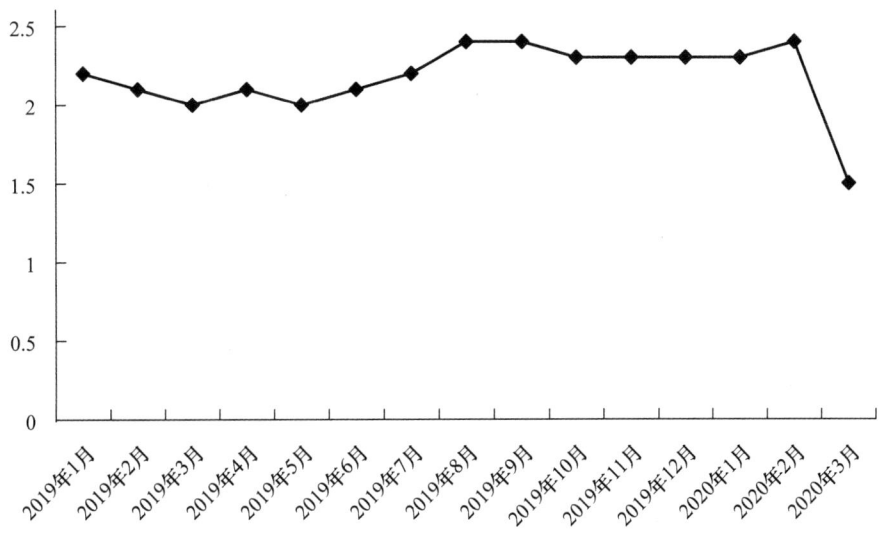

图3 2019年以来美国CPI的运行情况

资料来源：美国劳工统计局（BLS）数据库。

4. 货币供给明显增加，金融市场波动加剧

2020年第一季度末，美联储资产负债表显示的基础货币投放余额为38832亿美元，较2019年年末增加4567亿美元，较2月末的基础货币量增加4287亿美元，是2017年美联储启动缩表计划以来基础货币余额的最高值。说明美联储对市场明显担心，政策的主动性较强。

从市场流动性（M2）供给来看，与基础货币的表现基本一致，形成如表1所示的情况。根据表1，货币乘数计算的边际值在2、3月份之间差异巨大，说明美联储大量基础货币是面向企业和非银行金融机构投放

的，尽管美国货币市场和基础金融机构仍然富有效率，但美联储要的是短期政策效果，而不是金融市场的良性传导和配置（美联储在短期内对美国货币市场形成了扭曲）。

表1　2020年第一季度美国基础货币与M2的相关统计值

项目	基础货币（亿美元）	M2（亿美元）	货币乘数 平均值	货币乘数 边际值	M2/GDP 2019年第四季度末	M2/GDP 2020年第一季度末
1月	34426	154178	4.49	—	70.98%	74.77%
2月	34545	155144	4.49	8.12		
3月	38832	161036	4.15	1.37		

资料来源：根据美联储数据库的数据整理计算而得。

根据表1，2020年第一季度的M2/GDP的比值为74.77%，较2019年第四季度末的70.98%有明显增长，表明美国货币周转率在放慢，但并不代表美国货币的配置结构出现长短期限比例的恶化。受到美联储货币投放政策的影响，有部分货币的投放起点是工商业企业，而并非商业银行等金融机构，从而降低了货币周转速度，但同时避免了资金在金融市场内部空转。美联储统计，2020年1—3月，由美联储向工商业企业直接提供的资金（贷款）增速分别为-1.1%、2.3%和115.0%；而房地产企业获得的直接资金（贷款）增速分别为1.3%、4.0%和7.2%。货币的整体流向仍然是工商业实体经济企业。

相对于美国货币市场的基本平稳，资本市场的波动明显加大。2020年3月9日美国股市开启了1988年以来的首次熔断，随后在3月12日、3月16日和3月18日再次熔断三次。10天内，美股四次熔断结束了长达11年的牛市。股市的急剧下挫一方面表示了市场对新冠肺炎疫情冲击消费需求和产业链稳定的担忧，以及对企业盈利能力下降的预判；另一方面也是对金融市场内部高杠杆的强行纠正，11年的持续牛市导致了美股投资者杠杆高企、产品层层嵌套，为避免股市下挫导致的收益落空，投资者表现出急速"逃离"的情况。但在债券市场和外汇市场上，高品质的美元债券和美元现汇都受到了市场的急切追捧，说明经济基本面没有出现明显变化，上述美国股市的波动不是由实体经济导致的，金融杠杆过高和产品层级过多是股市异常波动和泡沫破裂的重要原因。

（二）美国宏观调控的目标和基本框架

从经济运行端的分析来看，美国经济受到冲击的时点正处于繁荣期，企业盈利状况好、债务累积程度低，家庭资产结构较好、杠杆率较低，金融体系健康稳健，市场机制运行效率较高。新冠肺炎疫情的冲击主要集中在三个领域：一是居民消费领域，受到社交限制、居家隔离和旅游限制等因素的影响，居民消费降幅压力较大；二是生活服务业领域，受到人群聚集、集会的限制，生活服务业受到较大的损失；三是金融业，受到金融强行去杠杆、减少嵌套的影响，资产价格明显回落，形成了资产处置损失与估值损失等。

从上述影响的角度和主线来看，目前工作的重点并不是优化产业结构、完善产业链结构、化解家庭债务，而是在微观上保持家庭和企业现金流稳定，在宏观上注重扩大总需求，维护宏观资产负债表的总体平稳。因此，当前疫情冲击下的宏观经济调控总体上应将外部冲击视作短期，并将除产业链支持政策外的其他宏观调控政策按短期设计较为合理，当然，为防止美国经济陷入长期衰退，稳定和平衡美国金融市场也成为美国宏观经济政策调整的关键落点。

从短期调控的重点来看，首先是要扩大总需求，总体上要适当弥补居民消费和生活服务业投资所形成的总需求缺口，支持制造业企业适度扩大投资能力，并支持部分海外产业链回流是较好的应对方案；其次是稳定金融市场，防止企业和家庭恐慌性地处置资产而导致的资产价格异动和金融风险，较好的方案是为金融投资者（包括专业机构、家庭和企业）提供低成本且充裕的流动性支持，从而使其无须因现金流的问题而强行去杠杆，但同时也应限制企业利用廉价资金回购自身股票而导致的金融套利行为；最后则是保持资产负债表的稳定，对于家庭立足于提供足够的流动性供给和食品保障，避免其处置资产加剧资本市场风险并导致家庭资产负债表恶化，对于企业立足于保障其生存和活力，一方面支持其降低固定成本（如裁员和退租），一方面给予足够的流动性支持，维持较小规模的生产经营。

这样，美国宏观调控的目标和基本框架就清晰了。目标是：将新冠肺炎疫情对经济的冲击尽可能地锁定为短期，避免因资产价格波动和流动性紧张形成中长期经济风险。基本框架则是：扩大总需求，稳定资产价格，维持宏观资产负债表。

（三）美国财政政策的运行机制和主要手段

财政政策与货币政策不同，该政策的运用会增强政府的行动能力，但并不属于直接增发货币的行为，而是调整金融资源的分布结构，尽管美联储实施了抵押再贷款，形成了增发货币的效果，但在总需求下降的情况下，短期的财政扩张政策并不会直接带来通货膨胀的后果，这成为美国财政部行动的基础。根据我们上述分析框架，3月27日开始执行的美国财政部的"2万亿美元刺激计划"，在确定了短期政策模式之后，会按照"扩需稳价不修表"的方案实施相关政策。具体方案如下。

1. 总需求扩张政策

这部分政策的主要目的是稳定企业、地方政府的生产经营和投资能力，从而形成推动总需求有效扩张的政策效果。主要措施包括以下几点。

第一，联邦政府建立一个1500亿美元的纳税人资金池，用于向受疫情冲击严重的企业、州和市发放贷款、提供贷款担保或进行投资。该笔贷款不能用于州政府自己的行政和雇员支出，但在用于基础设施等投资之外，可以用于公共服务支出与向相关社会群体和保险基金提供资助。

第二，对"维护国家安全至关重要"的企业提供170亿美元的贷款和贷款担保。该笔资金主要用于上述企业的固定资产投资和生产经营投入，原则上不得直接用于人员支出和社会福利性支出。

第三，联邦政府提供160亿美元用于国家战略药品和医疗用品储备，以此稳定制药企业、医疗仪器企业的生产投入，并扩大政府采购规模。

2. 维护企业和家庭的资产负债表并间接稳定金融市场

财政资金不能直接干预金融市场的运行，也不宜在短期政策中直接购入和执有企业股票、债券，而是通过稳定企业和家庭资产负债表，从而削减居民和企业减持资产换取流动性所带来的冲击压力。美国财政部向家庭和企业提供大量必需的流动性支持，以保持相关资产负债表的稳定，主要政策措施如下。

第一，向居民提供的流动性支持。这个领域的政策主要包括以下措施。一是以2019年的收入水平为基础，对年收入低于75000美元的成年人，每人发放1200美元的现金或支票，家庭年收入低于15万美元的发放2400美元，儿童每人增加发放500美元。年收入超过75000美元的成年人（家庭按15万美元算），其收入每增加100美元，支票金额减少5美元，年收入达到99000美元（家庭按198000美元算）以上，无现金或支票补贴。二是联邦政府将在州政府提供失业保险金的基础上，向企业雇员（含临时工）、自由职业者和独立承包商提供每周新增600美元的失业保险金，时间持续4个月，资金总规模在2500亿美元左右。三是联邦政府将拨款1170亿美元用于医院和退伍军人医疗，以消除家庭的经济风险和后顾之忧。该笔资金还将为疾病控制和预防中心、公共交通机构、食品券、儿童营养和其他与保健有关的方案提供资金支持。

第二，向企业提供流动性支持。政府将向企业提供委托贷款、贷款担保和适当的直接投资，企业应按要求使用该笔资金，包括生产性投资、稳定生产经营和支付员工薪酬等，但不得相互持有对方债券，也不得回购自身的股票。主要政策措施包括：一是向500

名雇员以下的中小企业提供支持贷款，贷款上限为1000万美元，用于中小企业支付工资、薪酬和福利，本项政策的总资金规模为3500亿美元；二是向受到疫情严重影响和冲击的企业提供5000亿美元的委托贷款、贷款担保和适当投资，该笔贷款既可以用于企业固定资产投资，又可以用于支付员工工资、薪酬和福利，其中航空公司和货运公司切块获得不低于580亿美元的资金。

（四）美联储货币政策运行机制和主要手段

从美联储的调控逻辑来看，短期操作和中长期操作兼顾，但仍遵循了宏观调控的一般策略，即"扩需稳价不修表"。其中长期操作多是对商业银行等金融机构的中长期信贷给予再贷款和资产证券化的便利，以支持商业银行等更多地投放中长期信贷，并接受市场主体的中长期融资需求，推动中长期利率水平下行。其目的并不是直接为企业提供中长期融资和生产性投资，而是与短期融资一致，满足当期企业的流动性需要——不仅在规模上，而且在期限结构上都做到良好匹配。这种调控政策体系表明美联储并未将新冠肺炎疫情冲击作为长期风险来应对，其目标是在3—6个月的时间内，支持新冠肺炎疫情的应对和治理，待疫情的影响转入平定阶段后，美国经济可以在较短的时期内恢复。支持该判断的依据是美国仍然拥有良好而健康的企业资产负债表和家庭资产负债表。美联储的货币政策手段主要有以下几点。

1. 大幅度降低市场利率，并平衡短期和中长期利率

2020年3月3日，随着新冠肺炎疫情在美国蔓延的加速，美联储降息50个基点，降息幅度是正常幅度的两倍，美国联邦基金利率下调到1%—1.25%。随着疫情的发展，美联储于3月15日再次大幅度降息，将联邦基金利率直接下调100个基点，利率水平降至0%—0.25%，进入零利率区间。对于零利率的持续时间，美联储给予了明确的表态，即该利率主要是应对新冠肺炎疫情的，而不是反周期的，预计持续到新冠肺炎疫情冲击结束。此外，美联储明确表示，没有负利率政策的安排，这样，美国利率政策的空间基本用尽。

在联邦基金利率下调的同时，美联储开始通过量化宽松货币政策干预美国的中长期利率，使中长期利率水平平均下降约200个基点。3月17日，美联储启动了商业票据融资便利工具（CPFF），通过SPV为合格的商业票据（主要是短期票据）提供贴现，最大额度可以达到上一年同期（2019年3月16日至2020年3月16日）最大的美元计价商业票据的发行量，并获得了美国财政部100亿美元的信用保护。这一政策将3

个月至1年期的市场利率也引导下行,有效维持了超短期利率(联邦基金利率)、短期利率和中长期利率的结构平衡。

2. 全面提供流动性支持,平衡货币市场流动性压力

2020年3月15日,美联储启动了新一轮量化宽松政策,总额设定为7000亿美元,并全面接受美国国债和"两房"担保的抵押支持债券(MBS)作为操作资产。3月23日,美联储又宣布将量化宽松改为"开放式",对美国国债和MBS进行无限量购买,并进一步将商业抵押贷款支持证券(CMBS)纳入购买范围(有限制)。按照当前的方案,美联储每天将购入不超过750亿美元的国债和300亿美元的MBS,但总额是无限制的,直至本轮疫情冲击结束,货币市场恢复平衡。

此外,在3月15日,美联储还将数千家商业银行的存款准备金率降至0,以增强商业银行的货币派生能力,避免商业银行的"惜贷"和对自身流动性平衡的担忧而导致货币市场供应紧缩。

3. 直接支持市场主体,确保企业经营稳定和就业安全

美联储在持续干预货币市场、避免企业融资困难的同时,还采取一系列非常规的手段,直接支持市场主体,确保企业的流动性安全和就业雇用能力。

美联储对大企业的支持主要体现在CPFF和一级市

场企业信贷便利工具（PMCCF）两项政策工具的使用上。CPFF 前面已有述及，其操作对象是短期商业票据，且规模可以达到上一年同期企业在正常经营状态下所需要的美元流动性规模，美国财政部将为短期商业票据的购入提供 100 亿美元的担保。CPFF 主要是满足美国大型企业的短期资金需求，同时降低短期融资市场的利率水平。3 月 23 日启动的 PMCCF 则是为美国大企业进行中长期融资的重要支持工具，美联储将在 PMCCF 项下直接从市场端购入期限在 4 年期以下，投资级主体（经营良好的大企业）所发行的公司债，并明确投资级主体的判定以 3 月 22 日为准，在 3 月 22 日以后因疫情冲击而发生评级下降的企业债务仍属于 PMCCF 可直接操作的对象。从规模来看，美联储没有严格划分 PMCCF 和二级市场企业信贷便利工具（SMCCF）的规模界线，两个工具合用一个 7500 亿美元的资金授权。

美联储对中型企业特别是具有良好竞争力且供应链在全美或全球拥有较多合作伙伴的中型企业的主要政策工具是定期资产支持证券贷款便利（TALF）和主街贷款计划（MSLP）等。TALF 工具由美联储于 3 月 23 日推进实施，其适用范围其实相当广泛，但由于操作麻烦和成本相对较高，美国大企业除非遇到特殊困难，一般无须通过 TALF 来进行融资，绝大多数的使用对象仍是中型企业和小微企业。中型企业由于可以与大企业（一级交易商）直接保持账户关系，其拥有的合格抵押品（主要是高品质的债权或担保品）可以直接获得TALF项下的贷款，贷款总规模为1000亿美元。MSLP工具是美联储于4月9日创立的，其贷款对象为2019年员工数量在1万人以下或营业收入在25亿美元以下，且在危机前财务状况良好的中型企业［已利于薪资保障计划（PPP）的小型企业也可以申请MSLP］。MSLP的期限为4年，本息可以申请延期支付1年，且须满足以下条件：企业必须为稳定就业付出最大的努力，企业应服从CARES法案中的高管薪酬限制要求，不得用于股票回购和以贷还贷等。MSLP由美联储执行的规模约为6000亿美元，参与MSLP的商业银行要先向合格的对象提供贷款，并将贷款额的95%转售给美联储，以获得风险分担和流动性补充。

美联储高度重视小型微型企业的经营安全，并出台了一系列重要的支持工具，如薪资保障计划流动性便利（PPPLF）、MSLP和TALF等。PPPLF由美联储于4月9日推出，在商业银行履行中小企业工资保障计划（PPP）项目下的贷款责任后，PPPLF将为商业银行将PPP贷款作为抵押向美联储申请贷款进行支持，规模设定为3500亿美元，贷款利率为0.35%。MSLP的贷款也主要是围绕PPP项目下的商业银行贷款而展开的，共享 MSLP 的 6000 亿美元额度。TALF 则明确美联储将美国小企业管理局（SBA）的担保贷款作为合格抵押资产，并购入由此而派生的资产证券化产品（ABS）。

4. 全力支持商业金融机构，维护资本市场平稳运行

美联储对商业金融机构的支持从保障商业金融机构安全和维护金融机构服务能力两端发力，满足市场融资需求，保持市场良好的风险识别和定价能力。具体如下。

美联储支持商业银行和非银行金融机构的政策工具主要包括贴现窗口工具（DW）、回购（RP/RRP）和一级交易商信贷便利工具（PDCF）等。DW 工具是美联储于 3 月 15 日启动的，核心是表明美联储做好金融市场最终贷款人角色和有效发挥作用，避免银行体系和金融市场出现流动性危机。美联储将 DW 工具下的资金贷款期限延长至 90 天，贷款利率由 1.5% 下调到 0.25%，以有效降低商业银行的资金成本。RP/RRP 工具由美联储于 3 月 17 日启动，目标是为回购市场提供充足的流动性，以便利回购和逆回购资产的价格稳定、活动的顺利进行。美联储将每日和定期回购的利率报价设定为 0%，并从 3 月 20 日至 31 日每天执行 1 万亿美元的隔夜正回购操作，以确保市场流动性供应的充裕。PDCF 由美联储于 3 月 17 日启动，其目标是由美联储向非银金融机构直接注入流动性，缓解非银金融机构流动性紧张。在 PDCF 工具下，一级交易商将从美联储获得隔夜至最长 90 天的贷款，贷款利率为贴现窗口利率（即 0.25%）。美联储没有限定 PDCF 的规模，具体执行规模根据市场需求的情况确定。

美联储支持金融机构提升金融服务，保障市场资金需求的政策工具主要包括货币市场共同基金流动性便利工具（MMLF）和二级市场企业信贷便利工具（SMCCF）等。MMLF 由美联储于 3 月 18 日启动，其目的是推动金融机构更好地发挥作用，为广泛的主体提供信贷支持。MMLF 将根据金融机构从货币市场共同基金等处购买的商业性和投资性资产作为抵押品从美联储获得再贷款，且用于抵押品的资产在金融机构购入的时候无须满足监管要求，只要匹配美联储的再贷款指标就可以，美国财政部为美联储开展该项业务提供 100 亿美元的政府担保。SMCCF 由美联储于 3 月 23 日启动，并于 4 月 9 日进一步扩大范围，其目的是支持金融机构在二级市场上积极购入公司债，为实体经济提供流动性支持，并降低融资成本。在操作上，SMCCF 将购买剩余期限在 5 年以内、投资级的公司债，以及投资于投资级公司债的宽基债券 ETF。

5. 支持地方政府加强公共卫生提供能力和就业保障能力

为确保地方政府在税收减少、融资能力下降情况下的行政能力，美联储以强化地方政府公共卫生体系建设和就业等社会保障能力为目标，为地方政府提供融资支持。主要政策措施包括货币市场共同基金流动性便利（MMLF）和市政流动性便利（MLF）等。MMLF中，美联储特别强调要将市政债纳入购买范围，从而为地方政府建设公共卫生基础设施、保障设施和救治设施提供支持，确保地方政府的公共卫生服务提供能力和社会基本医疗保障能力。MLF是美联储于4月9日启动的，其目的是为地方政府提供短期的流动性支持，以保障其能够为企业和家庭提供帮助，开展医疗救助和稳定就业。MLF将由美联储直接操作，从美国各州（包括哥伦比亚特区）、人口至少为200万人的美国县以及人口至少为100万人的美国城市购买其签发或承兑的短期票据，操作规模的上限为5000亿美元。

6. 强化与其他国家的联系，扩大货币互换的领域和范围

新冠肺炎疫情是对国家供给能力、救治能力和治理能力的一个重要考验。美国作为世界上唯一的超级大国，拥有全球最强大的医疗救助力量、最稳定的供给保障能力、最可靠的应急处置能力，因此，美元作为重要的支付手段和财富储蓄为许多企业和家庭所青睐，在疫情压力加大的情况下，将表现为美元对世界上其他主要国家的货币升级。为防止汇率的异常变化，维护现有国际产业链、供应链的稳定，并确保各国不会受到国际市场的冲击和影响，美联储主动与相关国家签订货币互换协议，以增强相关国家的风险应对能力，并模仿 IMF 的短期贷款操作方式，向其他有需要的国家提供充足而廉价的美元保障。

美联储的主要操作工具包括双边货币互换（SWAP）、临时性回购便利工具（FIMARF）等。SWAP 由美联储在 3 月 19 日启动，明确自 3 月 23 日起，大幅度提高货币互换的操作频率，美国、加拿大、英国、日本、欧盟、瑞士等世界上六家主要央行的货币互换频率由每周提升到每日进行，并与澳大利亚、巴西等 9 国央行建立临时的美元掉期交易安排，拓展货币互换的范围，扩大其规模。FIMARF 由美联储于 3 月 31 日启动，主要目的是为重要的贸易和投资伙伴提供金融帮助，以避免其金融体系崩溃给自身和美国金融市场带来的影响，在操作上类似 IMF 的相关紧急贷款，交易利率为超额存款准备金利率（IOER）+25 个基点，目前维持在 0.35% 的低利率水平。

二 中国"宅"经济：总需求、供应链双向承压，疫情防控取得重大成果

新冠肺炎疫情的突然暴发，对中国正处于爬坡

过坎和转型升级的经济运行带来了巨大的冲击，2020年1月份以来持续向好的各项经济指数急转直下，经济形势承压较大。面对来势汹汹的新冠肺炎疫情，在既不知晓病毒特性也不明确治疗方案的情况下，防范疫情的关键举措就是减少和控制传播渠道，于是中国建立了控制人口流动、减少社会交往、避免人员聚集和做好自我防护的防疫准则，形成了为期两个月的"宅"经济时期。在"宅"经济期间，中国取得了新冠肺炎疫情防控工作的重大胜利，减少50万—200万人的确诊病例，并将病死率控制在5.5%左右（非武汉地区不到1.0%），成就举世瞩目。但同时，"宅"经济也不可避免地伤害了经济运行，减少了服务消费和耐用消费品消费，阻碍了劳动者流动和开工复产，延迟了固定资产投资和基础设施建设，降低了产业链的组织性和完整性，导致国民经济的总需求和供应链双向承压，经济运行风险明显增加。

值得注意的是，无论对美国还是对中国来说，新冠肺炎疫情都不可能构成这种庞大经济体的长期性、决定性影响，也不会形成倾覆性的效果，但在中国新冠肺炎疫情确实表现出长期性的特点。而实际上，真正带来长期影响的仍是中国经济运行中的结构性问题和"三期叠加"风险，只不过新冠肺炎疫情与上述长期因素相叠加，使得短期问题长期化、需求供给双紧缩。

（一）经济增速明显放缓，"三驾马车"总体乏力

2020年第一季度，国内生产总值20.65万亿元，按可比价格计算，同比下降6.8%。分产业看，第一产业增加值10186亿元，下降3.2%；第二产业增加值73638亿元，下降9.6%；第三产业增加值122680亿元，下降5.2%。第三产业降幅较小与金融业、信息服务业发展状况较好有一定的关系。从GDP的构成来看，"三驾马车"全面下行，并出现较大程度的负增长，导致经济增长进程中断。

1. 社会消费品零售总额大幅负增长，汽车等关键消费品市场压力大

2020年第一季度，社会消费品零售总额78580亿元，同比名义下降19.0%。这是该指标设立以来的首次季度负增长。其中，城镇消费品零售额67855亿元，同比下降19.1%；农村消费品零售额10725亿元，下降17.7%，主要是受到消费结构变动的影响，耐用消费品的降幅较大，而日用品、必需品则保持稳定（见表2所示）。

表 2　　　　　　2020 年第一季度及 3 月份中国社会消费品
　　　　　　　　零售总额典型商品增速情况　　　　　　　单位:%

项目	第一季度	3月	趋势
粮油食品类	12.6	19.2	进一步回暖
饮料类	4.1	6.3	进一步回暖
烟酒类	-14	-9.4	回暖
服装鞋帽	-32.2	-34.8	未回暖
化妆品	-13.2	-11.6	回暖
金银珠宝	-37.7	-30.1	回暖
日用品	-4.2	0.3	回暖
中西药品	2.9	8.0	回暖
家用电器	-29.9	-29.7	未回暖
文化及办公用品	-3.4	6.1	回暖
家具类商品	-29.3	-22.7	回暖
通信器材类	-3.6	6.5	回暖
石油及制品	-23.5	-18.8	回暖
汽车类	-30.3	-18.1	回暖
建筑材料	-23.9	-13.9	回暖

资料来源：国家统计局数据库。

按零售业态分，2020 年第一季度限额以上零售业单位中的超市零售额同比增长1.9%，百货店、专业店和专卖店分别下降34.9%、24.7%和28.7%，降幅远超整体情况，中国流通渠道稳定性有所下降，转型压力加大。

2020 年第一季度，全国网上零售额 22169 亿元，同比下降0.8%。其中，实物商品网上零售额18536 亿元，增长 5.9%，占社会消费品零售总额的比重为

23.6%，成为第一大流通渠道。其中，食和用类商品增长情况良好，穿类商品则有15%的下降。

2. 固定资产投资仍依赖房地产，制造业投资亟须关注

2020年第一季度，全国固定资产投资（不含农户）8.41万亿元，同比下降16.1%，其中，民间固定资产投资47804亿元，下降18.8%，民营企业和中小企业的投资能力相对下降。

从固定资产投资的三个主要构成结构上看，工业投资同比下降21.1%，其中，制造业投资下降25.2%，投资增长的压力较大；基础设施投资（不含电力、热力、燃气及水的生产和供应业）同比下降19.7%，随着政府投资规模加大、进程加快，将会有所改观；全国房地产开发投资同比下降7.7%，其中，住宅投资16015亿元，下降7.2%。房地产投资仍然是固定资金投资中增长最快、支撑力最好、最活跃的部分，但其往往与居民的高杠杆相联系，且属于典型的非贸易品，对经济的长期支撑力较弱，且容易扭曲市场。因此，尽管房地产投资在短期内具有良好的稳增长的能力，但考虑到中国当前的经济形势是新冠肺炎疫情叠加了结构性缺陷，属于中长期风险，故不应将房地产作为当前刺激投资、恢复经济的手段，以免进一步累积风险、降低效率。

值得关注的是制造业企业的投资下行压力。与基础设施建设投资和房地产投资不同，制造业投资除了自身的投资规模和强度外，还跟其他三个因素相关，即产业链、供应链（含存货投资）和创新链。制造业投资下降过大，往往代表产业链复苏进程缓慢，供应链管理难度加大，以及技术升级、产品创新的进程缓慢，因此，应高度关注制造业投资的情况，采取有力措施推进、提升。

3. 进出口形势略有回暖，贸易与生产的一致性较好

2020年第一季度，货物进出口总额65743亿元，同比下降6.4%。出口额33363亿元，下降11.4%；进口额32380亿元，下降0.7%。进出口相抵，贸易顺差983亿元。其中，3月份进出口总额24459亿元，同比下降0.8%，其中出口12927亿元，下降3.5%；进口11532亿元，增长2.4%，其中一般贸易进口增长4.0%。贸易结构继续优化。一般贸易进出口占进出口总额的比重为60.0%，比上年同期提高0.4个百分点。

全国规模以上工业企业实现出口交货值24082亿元，同比下降10.3%，与出口增速的一致性明显提高，出口交货值占出口额的比重为72.0%，贸易附加费和时间延迟状况改善。3月份，全国规模以上工业企业实现出口交货值10307亿元，增长3.1%，占出口额的比重提高到80.0%。

（二）物价压力有所缓解，就业形势保持稳定，居民收入稳步增长

2020年第一季度，随着国际油价持续走低和国内保供稳价策略的坚定推进，重要消费品的供给缺口明显减少，物价形势有所缓解；在经济增速下降的同时，就业总体仍保持稳定，新增就业人数和岗位呈现出小幅正增长的局面；居民收入总体保持稳定，相较于经济运行的压力，我们将居民收入的稳定放在突出重要的位置，取得了较好的效果。值得注意的是，由于生产和分配端的表现出现重大调整，须高度关注分配结构的变化而导致的折旧管理风险和政府资产负债表的风险。

1. 物价压力有所缓解，保供稳价作用开始显现

2020年第一季度，全国居民消费价格同比上涨4.9%，扣除食品和能源价格后的核心CPI上涨1.3%。其中，3月份全国居民消费价格同比上涨4.3%，环比下降1.2%。城乡之间，受到消费结构和物价上涨结构的影响，城市上涨4.6%，农村上涨5.9%，食品烟酒（价格同比上涨14.9%）在农村居民的消费结构中仍占有较大的比重。在食品烟酒价格中，粮食价格上涨0.6%；鲜菜价格上涨9.0%；猪肉价格上涨122.5%，继续推动CPI指数在高位运行。但值得注意的是，3月份猪肉价格上涨116.4%，比2月份回落18.8个百分

点，猪肉供给缺口明显降低，保供稳价作用开始显现。

2020年第一季度，全国工业生产者出厂价格同比下降0.6%，购进价格同比下降0.8%，总体保持稳定，不存在成本推进性通胀和去库存的风险，也不会导致企业生产利润大幅下降。但受国际油价快速走低的影响，3月份的工业生产者出厂价格同比下降1.5%，购进价格同比下降1.6%，尽管价格结构仍属正常，但对存货管理形成巨大压力，并导致企业因库存成本较高而当期利润下滑。

2. 就业形势保持稳定，大学生就业须高度关注

2020年第一季度，全国城镇新增就业人员229万人，在经济增速出现-6.8%增长的情况下，仍有相当数量的新增就业难能可贵。2月末，全国城镇调查失业率为6.2%，达到了这一指标问世以来的最高值；3月末，全国城镇调查失业率下降为5.9%，就业压力有所缓解，就业形势保持稳定。

在就业结构中，25—59岁群体人口调查失业率为5.4%，低于全国城镇调查失业率0.5个百分点，最关键的是劳动者群体保持稳定。而31个大城市城镇调查失业率为5.7%，并未出现改善，说明大城市提供新增就业的能力有所下降，给874万名大学毕业生的就业带来了明显阻碍。须高度重视这一问题，一方面要做好心理疏导，另一方面积极提供必要的新增就业岗位。

农民工的复工复产工作也须得到关注，特别是贫困家庭的就业问题，避免因就业形势的变化而出现返贫、致贫的问题。到2月末，外出务工农村劳动力总量12251万人，相较于正常水平大约减少了5000万人，应注重劳动力流出地的产业发展和农村金融服务等相关问题，支持开展现代农业生产和组建农副产品加工企业。

3. 居民收入水平总体稳定，政府加大转移支付作用明显

2020年第一季度，全国居民人均可支配收入8561元，同比名义增长0.8%，扣除价格因素实际下降3.9%。按常住地分，城镇居民人均可支配收入11691元，名义增长0.5%，实际下降3.9%；农村居民人均可支配收入4641元，名义增长0.9%，实际下降4.7%；城乡居民人均名义收入比值2.52，比上年同期缩小0.01。总体来看，在不变价GDP增速为-6.8%的情况下，居民收入的不变价仍可达到-3.9%的增长，这一成绩的取得实属不易。

从收入来源看，全国居民人均工资性收入同比名义增长1.2%，经营净收入下降7.3%，财产净收入增长2.7%，转移净收入增长6.8%。政府加大转移支付力度，对稳定居民提升收入水平、维护社会需求规模和家庭消费能力，发挥了重要作用。

值得注意的是，在生产端的增加值产出只有-6.8%增速的情况下，居民收入的增速为-3.9%，必然导致在分配端企业利润和政府收入更快速度的下降。因此，在做好稳就业、保居民就业的同时，保市场主体、稳合理预期也将是接下来的核心工作。

（三）货币市场运行平稳，社会融资总额平稳扩张

2020年第一季度，中国货币政策运行总体平稳，有效落实了党中央要求的"稳健货币政策更加灵活"的要求，维护了金融市场的平衡稳定，并为受到疫情较大冲击和影响的实体经济提供良好的金融支持和需求保障。

1. 中国一季度货币运行：数量充裕、利率下调、市场稳定

受疫情冲击的影响，2020年第一季度企业对货币的需求量快速增长，商业银行储蓄规模显著增加，货币政策的空间和灵活性有所提升，货币市场表现出规模较大、利率下行和稳定有序的特点。

（1）货币供应量快速增长，基础货币总体供应稳定

2020年第一季度末，广义货币（M2）的余额为208.1万亿元，同比增长10.1%，增速较同期的名义GDP快约12个百分点，市场上短期内形成了较大的货币存量，货币性通胀的隐忧有所加大（不过当前国际油价处于低位，有利于从成本端来进行平衡）。M2与GDP的比值约为74.77%，货币周转率进一步放慢，

须重视这一问题，这与货币过度集中于长期投资市场有着直接的关系。此外，央行公布的基础货币规模为31.8万亿元，较2018年同期的30.4万亿元，只增加了4.6%，明显低于M2的涨幅，说明基础货币的供应较为平稳，一季度M2的快速增长与基础货币扩张的关系不大。而从M2与基础货币的关系来看，货币乘数达到6.54，上升到近年来的高位。这与央行持续降低存款准备金利率和储蓄大幅度增长明显相关，须高度关注储蓄的异常增加问题，避免不必要的资金占用，并关注真正意义上的资金（储蓄）流向。

从M1的情况来看，一季度末，M1的余额为57.5万亿元，同比增长5%，总体情况正常，但实际分布并不理想。例如，3月末的企业活期储蓄较1月末增加了3.97万亿元，而2019年同期只增加了1.45万亿元，说明企业确实获得了来自金融系统的资金援助，缓解了流动性压力，但投资意愿不足，资金在储蓄端沉淀较大。

流通中的货币（M0）增长较快，3月末的规模达到8.3万亿元，同比增长10.8%，但从月度数据来看，M0从1月末的9.3万亿元到2月末的8.8万亿元，呈阶梯形下降的趋势，符合现金运行的一般规律，但由于物价上涨预期的影响，市场上保有相对较高的现金规模备付交易。从现金头寸来看，一季度净投放现金5833亿元。

（2）货币市场利率水平明显降低，内生风险压力显著下降

货币市场利率运行正常，一季度同业拆借利率和质押回购利率均明显下行（如图4所示），同比数据和环比数据均有明显降低。这种利率结构有利于金融企业调整资产结构和获得流动性支持，也便于现有金融资产的展期和借新还旧，以维护资本市场和票据市场的价格稳定。此外，从结构上看，同业拆借利率与质押回购利率的差额很小，且呈现出明显的收敛态势，说明金融机构的稳定性较好，当前金融市场内部的风险隐忧明显下降。

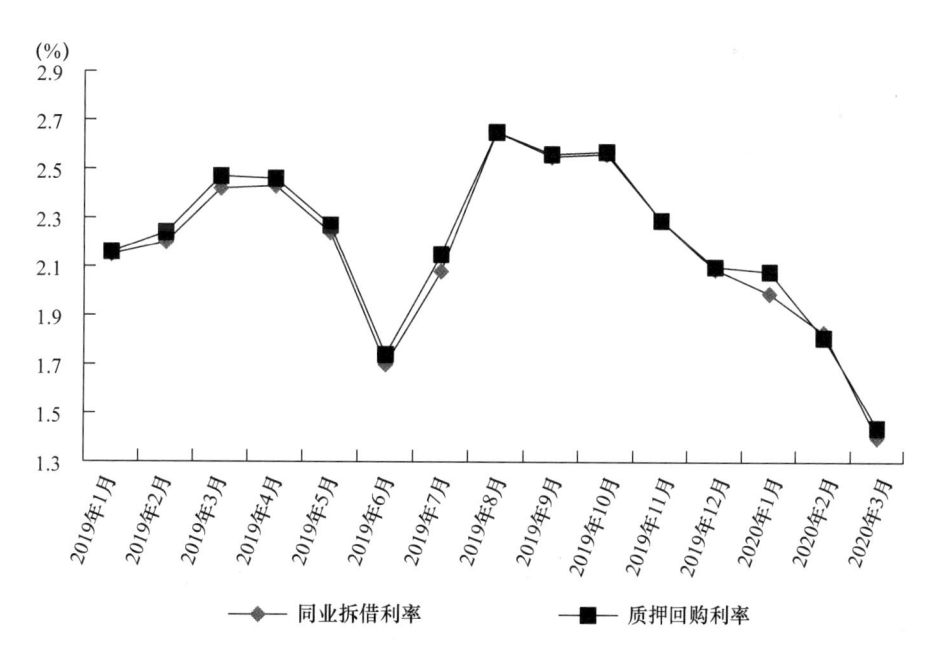

图4 2019年以来中国货币市场利率的运行情况

数据来源：根据中国人民银行数据库资料整理。

（3）降准的流动性效应突出，再贷款的政策效果较好

2020年1月6日，央行降低法定存款准备金利率0.5个百分点，释放约8000亿元的流动性，随后，央行基础货币迅速上升至32.16万亿元，与2019年底的水平基本一致。也即央行降准释放的8000亿元流动性主要来自存款准备金下调后带来的存款派生能力（货币乘数）的上升，而不是基础货币供应量的增长，供应渠道和供应规模都很能体现货币当局的调控能力。

新冠肺炎疫情暴发以后，央行通过中期借贷便利（MLF）和财政贴息方式投放的再贷款和专项贷款的规模显著增加，其中2月份新增的再贷款规模达到1.12万亿元，而3月份新增的再贷款规模达到0.73万亿元。新冠肺炎疫情期间，共通过再贷款的方式向市场直接补充流动性达2万亿元左右，效果较为突出。

2. 我国社会融资情况分析

2020年第一季度，我国社会融资总额增量为11.08万亿元，同比增加2.47万亿元，总体来看市场融资较为活跃。考虑企业资金支出的情况，固定资产投资累计支出只有8.41万亿元，预计约有2.67万亿元的新增融资用于企业的职工薪酬等经常性支出，其中，约有2.55万亿元是以债务融资的形式体现的，也即企业资产负债表呈现出小幅恶化的态势，但匹配和

满足了这一时期的宏观审慎管理要求,有效支持了存量就业的稳定,保障了中小企业的生产经营稳定。

从构成来看,2020年第一季度,对实体经济发放的人民币贷款增加7.25万亿元,同比增加9608亿元;对实体经济发放的外币贷款折合人民币增加1910亿元,同比增加1669亿元。银行贷款合计达到7.44万亿元,占比达到67.2%,略有下降,但仍维持主导地位,在疫情发生的背景下,商业银行体系对金融服务的保障效果较好。

银行表外业务小幅下降,但票据融资略有增长,匹配疫情冲击下的融资特征,且央行具有直接支持商业票据融资的良好空间。一季度,委托贷款减少970亿元,同比少减1308亿元;信托贷款减少130亿元,同比多减966亿元;未贴现的银行承兑汇票增加260亿元,同比少增1789亿元。表外业务的总规模合计下降840亿元,但未贴现的银行承兑汇票为央行开展直接市场操作和干预留下了较好的政策空间。

2020年第一季度,债券市场发展较快,企业债券和政府债券的规模都有明显的增长。从企业债券来看,净融资达到1.77万亿元,同比增加8407亿元,说明推进债券发行的注册制改革,适当简化债券的发行程序要求,实行部分"绿色通道"安排,均可在不影响债券市场基本稳定的前提下,有效扩大债券市场融资。从政府债券来看,净融资达到1.58万亿元,同比增加6322

亿元，专项债券的发行规模和力度明显增加，对抗击新冠肺炎疫情、保障地方政府的投资和行动能力起到了积极的作用。

2020年第一季度，核销商业银行不良贷款约为1546亿元，规模较大。这对促进商业银行支持实体经济企业、消除商业银行的后顾之忧，以及支持宏观审慎端做好"尽职免责"等工作都起到了较好的支持作用。

三 优化支出结构，加强债务管理，保障财政平衡

受到经济增速大幅下降和应对疫情冲击主动减税降税的影响，2020年第一季度财政收支压力较大，全国一般公共预算收入45984亿元，同比下降14.3%，一般公共预算支出达到55284亿元，尽管增速同比下降5.7%，但仍推动财政收支缺口达到9300亿元，同比增加约10.0%。在收支压力持续加大的情况下，应着力做好优化支出结构，动态管理存量，加强债务管理，提升资金绩效，以此来有效保障财政收支平衡。

（一）一般公共预算收入质量下降，但支出保障性针对性更加强化

1. 税收收入降幅明显，生产性税收减税效果突出

2020年第一季度，全国一般公共预算收入45984

亿元，同比下降14.3%。其中，中央一般公共预算收入21157亿元，同比下降16.5%；地方一般公共预算本级收入24827亿元，同比下降12.3%。中央和地方的收入分配比例为46∶54的水平，属于合意区间的范围。

财政收入中的税收收入规模为39029亿元，同比下降16.4%，税收收入占一般公共预算收入的比重为84.9%，同比下降2.5个百分点，财政收入的质量和稳定性有所下降。一季度，非税收入的规模为6955亿元，同比增长0.1%，占一般公共预算收入的比重为15.1%。

主要税收收入项目情况如下：国内增值税14977亿元，同比下降23.6%，符合企业需求和减税方向；国内消费税4348亿元，同比下降16.4%；企业所得税8625亿元，同比下降12.8%，与企业利润状况保持一致；个人所得税3353亿元，同比增长3.5%；进口货物增值税、消费税3393亿元，同比下降23.9%；关税598亿元，同比下降13.8%；出口退税3651亿元，同比下降27.9%；城市维护建设税1159亿元，同比下降19.7%；车辆购置税666亿元，同比下降29.5%；印花税769亿元，同比增长5.0%，其中，证券交易印花税453亿元，同比增长14.1%；资源税435亿元，同比下降12.0%，与资源价格走低密切相关；契税1212

亿元，同比下降 19.9%；土地增值税 1467 亿元，同比下降 12.0%；房产税 606 亿元，同比下降 5.8%；耕地占用税 296 亿元，同比下降 23.7%；城镇土地使用税 474 亿元，同比下降 12.4%；环境保护税 55 亿元，同比下降 6%；车船税、船舶吨税、烟叶税等其他各项税收收入合计 249 亿元，同比下降 5.7%。

从税收收入规模及其增速的变动情况来看，与经济运行的特征、减税降费的重点基本保持一致，同时，主动在增值税等生产性税收上作出最大程度减税安排，对于保市场主体、支持中小企业和保产业链供应链稳定的作用巨大。中国应借此机会，推进以存量财产为对象的财产税制的发展，将生产性税收负担降到不高于东北亚主要经济体的平均水平。

2. 一般公共预算支出略有下降，但保障效果突出

2020 年第一季度，全国一般公共预算支出 55284 亿元，同比下降 5.7%。其中，中央一般公共预算本级支出 7173 亿元，同比增长 3.7%；地方一般公共预算支出 48111 亿元，同比下降 7.0%。

主要支出项目情况如下：教育支出 7913 亿元，同比下降 7.1%，与开学延迟等疫情影响相关，全年仍可保持略超过 GDP 的增速水平；科学技术支出 1298 亿元，同比下降 26.4%，与重大科研项目尚未开展招投标管理相关；文化旅游体育与传媒支出 652 亿元，同比下降8.9%；社会保障和就业支出9837亿元，同比下降0.7%，重点支持降低社保收费和增加稳岗支出；卫生健康支出4976亿元，同比增长4.8%，重点用于建设隔离病区，增强医疗设备，保障医护人员；节能环保支出1111亿元，同比下降15.1%；城乡社区支出4770亿元，同比下降23.6%；农林水支出4031亿元，同比下降3.6%，推进农村地区路网、水网和公共卫生服务基础设施建设，巩固脱贫成果，实现三大攻坚战的目标；交通运输支出3189亿元，同比下降16.5%；债务付息支出1566亿元，同比增长4.6%。

（二）土地出让收入明显减少，政府性基金预算收支依赖跨年度平衡

2020年第一季度，全国政府性基金预算收入12577亿元，同比下降12.0%；基金预算支出19749亿元，同比增长4.6%。收支缺口7172亿元，扩大约19.0%。考虑到2019年政府性基金预算收支缺口高达6849亿元的情况，预计政府性基金预算年内平衡的可能性很小，仍需依赖周期性平衡，随着存量的逐步用尽，将面临更加严格的预算硬约束局面。

1. 政府性基金预算收入下降

2020年第一季度，全国政府性基金预算收入12577亿元，同比下降12.0%。分中央和地方看，中

央政府性基金预算收入696亿元,同比下降30.6%;地方政府性基金预算本级收入11881亿元,同比下降10.7%,其中,国有土地使用权出让收入11117亿元,同比下降7.9%,随着土地要素市场化配置改革的持续推进,这一收入将呈现长期下降的局面。

2. 政府性基金预算支出仍在扩大

2020年第一季度,全国政府性基金预算支出19749亿元,同比增长4.6%。分中央和地方看,中央政府性基金预算本级支出194亿元,同比下降33.6%;地方政府性基金预算支出19555亿元,同比增长5.2%,其中,国有土地使用权出让收入相关支出12577亿元,同比下降26.7%。

(三)地方政府债券发行量明显加大,债券利率持续下降

2020年第一季度,全国发行地方政府债券16105亿元。其中,发行一般债券5065亿元,发行专项债券11040亿元;按用途划分,发行新增债券15424亿元,发行再融资债券681亿元。

2020年第一季度的新发债券中,地方政府债券平均发行期限15.7年。其中,一般债券18.5年,专项债券14.5年。平均发行利率只有3.38%。其中,一般债券3.33%,专项债券3.4%。政府债券在长期和超

长期融资中占有相当的比重，尽管可以引导该时点的市场利率水平，但如果央行不给予地方政府债券"再贷款"或公共市场操作工具的地位，也极易将这一区间的市场融资"挤出"。

2020年第一季度，地方政府债券到期偿还本金958亿元，包括发行再融资债券偿还本金530亿元、安排财政资金等偿还本金428亿元。地方政府债券支付利息1141亿元，占当期地方一般公共预算收入的4.6%。政府债券的利息负担压力较大，成为未来政府资产负债表管理的关键内容，并需在新一轮专项债券管理和特别国债管理中，重点考虑利息的偿还和平衡问题。

截至2020年第一季度末，全国地方政府债务余额228219亿元。其中，一般债务123214亿元，专项债务105005亿元；政府债券226330亿元，非政府债券形式存量政府债务1889亿元。地方政府债券剩余平均年限5.5年，其中一般债券5.2年，专项债券5.9年；平均利率3.53%，其中一般债券3.54%，专项债券3.52%。总体上，地方政府的债券仍具有较好的展期条件。

四 应对疫情挑战，推进复产复兴的宏观调控框架与要点

面对新冠肺炎疫情的挑战，我们一方面要做好疫

情防控工作，另一方面要支持复工复产，特别是整个产业链的复产复业。到本文成稿，中共中央政治局一共召开了9次常委会和3次政治局会议，在疫情的每一个关键节点，都做出了准确性、前瞻性和战略性的部署。作为研究工作，本文不对上述会议的内容进行简单的归纳和回溯，而是以4月17日政治局会议为基础，对当前宏观调控框架和要点进行重点分析和预判。

（一）当前宏观调控的目标和总体框架

宏观调控的目标当然是推进经济的平稳增长、增加和带动就业、保持物价稳定和维护国际收支平衡，在这里，我们更多是结合疫情冲击、疫情防控和经济运行中的结构性矛盾和风险进行针对性的设定。而总体框架，习惯上是积极的财政政策与稳健的货币政策的表述，本章也不简单遵循惯例，而是以疫情防控和复产复兴为要求，总结和分析宏观调控要处理好的"五大关系"。

1. 宏观调控的基本目标

如前所述，新冠肺炎疫情作为一个外生冲击变量，对于中美这种庞大的经济体来说肯定是短期的外部冲击，相应地，应对策略中肯定要包括直接对冲短期经济冲击的政策措施，比如扩大投资、增加出口、升级消费等等。但是，由于经济运行中存在内部的结构性矛盾和风险的影响，疫情冲击将会与上述的结构性矛盾相结合，从而形成需要从整体上、系统上和源头上化解的长期性问题，这样，应对策略就必须考虑好供给侧改革、产业链管理、宏观资产负债表优化等问题。

与美国的调控策略偏重于短期调控不同，我们不能来一场"暴风骤雨"式的短期应对，而必须是"雷电交加"和"和风细雨"式的综合治理。美国的短期调控目标是扩需稳价不修表；中国则是将调控、改革、治理融合到一起的中长期过程，调控目标是扩需修表稳资产。

2. 以做好"五大关系"为基础构建宏观调控总体框架

"五大关系"的提出，是根据3月27日和4月17日政治局会议精神，将疫情防控与复产复兴的重点工作进行归纳后提出来的。这五大关系分别是：疫情防控与复产复兴的关系，总需求管理与供给侧改革的关系，短期风险应对和长期经济治理的关系，流量与存量的关系，自力更生与国际协调的关系。

第一，疫情防控常态化与推进复产复兴的关系。疫情防控的常态化要求在经济复工复产复兴等方面，要将疫情防控的成本、要求和标准内生化，从而将企业的成本结构、生产组织和经营模式与疫情防控的常态化要求相匹配。如企业成本中应考虑标准化、程序化的体温监测、绿码管理、错峰上下班、错峰就餐等；

企业生产组织中应考虑防止不必要的集中会议、串岗、调班，维持班组人员的稳定性等；在生产经营上，推动工业互联网应用和分布式产业链实践，减少不必要的跨区域的大规模人员流动，实现水平型、专业化、信息化的经营模式。

第二，加强需求侧管理与深化供给侧改革的关系。疫情导致的消费下滑、投资迟滞等总需求压力，同时也带来了产业链持续和供应链平衡等供给侧的问题。在当前阶段，需求侧管理和供给侧改革该如何定位？以谁为主？从矛盾紧迫性和关键性来看，4月17日中共中央政治局会议明确指出，要"坚定实施扩大内需战略"，要"积极扩大国内需求"，并"以供给侧结构性改革为主线"。这样，需求侧管理就成为当前的主要矛盾，而供给侧改革则成为需求侧管理的要求和约束。也即，核心工作是扩大总需求，重点是扩大内需，但扩大内需不应导致资源流向"僵尸企业"，不应加剧产能过剩，不应增加重复投资，要注重投资的有效性、平衡性和规范性。因此，本轮总需求扩张不是新一轮的"四万亿"，而是在供给侧改革的要求下补短板、差异化和创新性的投资拉动。

第三，短期风险应对和长期经济治理的关系。理论上讲，我国宏观杠杆率偏高，经济产出收益率和投资带动效应近年来都有明显下降，要建设现代化经济体系，推动经济高质量发展，关键还是要做好以创新驱动、杠杆管理和要素配置为核心的经济治理。但在当前，总需求快速下滑，导致经济规模急剧收缩，并影响居民就业、债务偿还和资产稳定，因此，短期内必须全力扩大总需求。这种扩大，既要在短期内见到实效，又不能对长期目标形成扭曲，如：房地产投资可以短时期较好地调动市场活力、形成投资能力和扩大总需求，还可以支持政府筹集收入，但房地产投资同时会进一步挤压居民资产负债表。所以可以鼓励房地产市场的发展，借以匹配老百姓的居住性需求，加大投资、保障开工，满足民生需要，但绝不能将其作为短期刺激经济的手段，增加杠杆、推高房价，恶化居民资产负债表。

第四，做稳存量与做强增量的关系。受到近年来房地产和土地价格持续上涨的影响，中国经济的存量资产价值估值持续增加，但受到实体经济转型升级压力较大等问题的影响，产出增量与存量之间的关系并不匹配。如根据中国人民银行"城镇居民家庭资产负债表调查"，中国城镇居民家庭资产均值为317.9万元，其中房地产253万元，金融资产64.9万元。以中国城镇居民可支配收入分析，按照城镇户均2.85人计算，家庭可支配收入为12.07万元/年，房地产价值相当于21年的户均可支配收入，明显超过3—7年的合理区间，央行调查报告明确指出，"城镇居民家庭金融资产负债率较高，存在一定的流动性风险"。再如根据国家统计局的统计，2019年中国规模以上工业企业资产负债率为56.60%，处于合理区间，但资产利润率仅为5.20%，低于同期社会融资的平均成本5.65%的水平，所以许多资产负债表良好的企业，往往无力承担到期债务本息，导致现金流缺口，引发债务风险。因此，我们当前的工作重心是稳住以土地和房地产为主体的资产价格，逐步引导优质资源和要素流向实体经济，提升收益率，提高生产效率，从而做强增量、做稳存量。

第五，自力更生与国际协调的关系。中国对疫情的应对过程主要是自主探索、自力更生，从严格控制疫情的传播渠道，到弄清病毒的特征特性，再到有效的干预和治疗，形成了一系列的可操作、可复制的中国经验，甚至在2月24日被世界卫生组织认为是"唯一被证明为有效的防控经验"。在复工复产的过程中，我们仍需坚持立足国情、依照法律、科学治理。第一是区分生产和生活，在继续做好生活防控的同时，推进企业复工复产；第二是打通生产边界，支持区域内商务交流和公务访问，推出绿码；第三是推动绿码互认、防疫等级互认，支持一定响应等级之下的人员实现跨区域便利流动；第四是有序复业、常态化防控。

这种管控方式，在推进复工复产、便利居民生活、促进跨区域流动的同时，稳住了前期疫情防控的成果，形成了中国经验，凝练了中国故事，唱响了中国声音。这些成熟的经验和做法，为我们参与全球疫情防控、经济治理和国际协作提供了重要的平台和支点，要站在人类命运共同体的高度，分享成熟的有效经验，服务全世界共同"抗疫"的目标要求，援助发展中国家和最不发达国家医疗技术和服务，参与有效药物和疫苗的研发工作。

（二）下一阶段宏观调控的几个核心内容

根据上述分析，中国当前宏观调控的基本目标和原则是"扩需修表稳资产"。这样，结合3月27日和4月17日中共中央政治局会议的部署，我们大致可以构建如表3所示的宏观调控目标与政策手段的对应矩阵。

表3　　　　当前宏观调控目标和政策手段的对应矩阵

目标	政策对象	财政政策手段	货币（金融）政策手段
扩大总需求	最终消费	消费券计划 适度扩大公共消费	稳定消费金融 发展汽车金融
	固定资产投资	扩大传统基建 推进新基建	支持企业设备购置贷款 支持REITs改革创新
	出口	出口退税（含转内销问题） 出口信用保险保费补贴	出口企业融资纳入再贷款 贸易融资（含转内销问题）

续表

目标	政策对象	财政政策手段	货币（金融）政策手段
修复资产负债表	家庭表	稳地价，土地要素市场配置 降个税，增加可支配收入	个人房贷偿款享有缓冲期 严控二套以上住房杠杆
	企业表	全面降低小微企业生产税负 增值税进项留抵超额返还	LPR改革，降低融资成本 再贷款，支持实体融资
	政府表	专项债应确保项目可经营 特别国债应不构成偿还负担	支持地方债进入回购市场 支持特别国债的发行
稳定资产价格	稳住宅房价	推进财产税制改革 减少或取消土地收储债券	土地购置不得嵌套杠杆 首套住房利率可选LPR
	稳企业股价	增加政府担保规模，降低保费 降低生产性增值税、消费税	支持险资适当进入股市 支持融资融券等股市杠杆

根据表3，这一政策矩阵大致包括了本阶段应对疫情影响、推进复产复兴的主要财政和货币（金融）政策手段。考虑到政策的创新性、重要性和前瞻性，本文从中选择三个政策手段进行分析，即消费券计划、特别国债和新基建。

1. 消费券计划的内容和特点

面对消费需求不足的压力，西方国家往往选择直接向居民发放货币（简称派现）来激励其当期的消费愿望，并保持家庭资产负债表的稳定。中国则根据高储蓄率、住房的高自有率等具体国情，选择以消费券形式来激励消费和服务居民。从性质上看，中国消费券具有直接派现方式所不具备的三大优势：第一，不形成政府的当期债务，也无须由政府当期支出，只是有效运用了政府信用，降低了财政压力；第二，避免直接派现导致的政策漏损,按照中国居民的习惯,会有较多资金转为储蓄或是偿还房贷,难以发挥消费效应;第三,不会形成通货膨胀,也不会导致收入的再分配效应。

但是从中国现行消费券计划的实践来看,往往存在三大误区:一是将消费券看成打折券、满减券,即消费额达到多少的情况下,可以使用多少消费券,降低了消费券的获得感和激励作用;二是将消费券的发行主体由政府转为商业企业或平台企业,或者是政府与相关企业合作,消费券的发行主体只能是政府,保障的对象是居民,政策的目标是提升居民的消费意愿,增加社会的消费能力;三是将公共权利当成市场权力,消费券是在中央政府的批准下,由货币当局临时授予的地方政府有限货币发行权力,消费券在消费过程中就是货币,但一旦进行了消费就不再具有货币的效力(即商家收到的消费券不能再用作流转支付),而相当多的地方政府把这次难得地方有限货币发行权及其衍生出来的相关产品简单化了。

地方政府对消费券的运用应按照以下五个要点推进:第一,确定消费券的发行规模,消费券的规模应匹配地方政府在疫情完全消退后 3 个月左右的财政收入增量为宜,不宜过多;第二,确定消费券的发行办法,原则上中低收入群体是获得消费券的主体,超过中等收入水平的个人，收入越高获得的消费券数量越少，直至高收入阶层完全取消；第三，消券费可以以电子券的形式，也可以以纸质券的形式，在消费过程中，具有与货币现金和电子支付工具一样的效力和广泛接受性，但消费券只能消费一次，持有消费券的商家不得再次流通消费券；第四，政府应设立消费券回购机制和使用渠道，最主要的使用渠道是向政府缴纳税费时，可以直接使用消费券，在回购机制的设计上，政府可以即期回购（见券即付）也可以远期回购，既可以分期回购也可以一次性回购；第五，政府可以根据消费券的性质支持金融机构和市场给予服务创新，甚至设立短期的衍生品或质押品市场，使得持券企业获得短期经营性融资的便利。

2. 特别国债计划

特别国债计划是3月27日中共中央政治局会议明确提出的，4月17日的政治局会议将特别国债命名为抗疫国债，明确了特别国债的属性、用途和标准。从地方政府和市场的反应来看，多数把特别国债当成了一般债券，筹集资金、促进投资、开工项目、支持企业，并形成了2020年又要有新一轮"四万亿"扩张性投资的看法。实际不然，特别国债除了对公共卫生领域的基础设施、仪器设备、医疗服务提供支持外，其他领域并不直接干预和影响市场，而是借助市场力量、提升市场效率、放大市场机制来支持目标产业和市场主体的复工复产、转型升级和创新成长，形成实体经济、现代金融、科技创新和人力资源协调有序的发展局面。

特别国债计划仍然在设计和酝酿之中，本文仅从建议的角度进行设计：第一，特别国债的发行规模不宜确定为具体数值，而应是上限管理或区间管理，根据具体的情况进行运用，达到政策目标即可，而不是将资金完全使用完；第二，特别国债的总体设计要立足于国债资金所形成的资产进行处置（或获取经营收益）来偿还特别国债的本息，既不是借新还旧，也不是使用预算收入进行简单的偿付；第三，特别国债不宜大量直接投入市场，而是借助市场力量影响和促进市场发展，其目标是补充市场的不足、短板和引导市场资源的流向，而不是直接投资、预定补贴或贴息补助；第四，特别国债要形成资产权益或股东权益，并按照现行的股权市场、产权市场的定价机制进行转让、处置和退出，也即特别国债的发行是利用国债发行机制，而退出则是正常的市场交易机制；第五，特别国债退出后，形成的资金缺口应归属政府，负缺口由政府承担，正缺口归政府享有，具体应由全国人大进行规定或授权。

较为成熟的模型是：政府宣布特别国债的发行规模后，要求商业银行向目标产业和符合要求的企业提供充足、有效的信贷支持，重点支持创新型企业、小微企业、关键制造业和产业链服务企业等，避免其停产、裁员甚至是破产。对于商业银行执行上述"抗疫"政策在尽职免责的要求下所形成的不良资产，则给予优惠的冲销政策，超过冲销上限的不良资产将核销商业银行的核心资本。特别国债根据执行上述业务的商业银行的核心资本的核销情况和不良资产的规模特点，补充商业银行的资本金，并给予适度的补贴，相应的持有商业银行等金融机构的股权。待疫情消退，经济运行恢复常态，资产价格恢复到合理水平，政府将支持商业银行按优惠价格回购股权、引入战略投资者或在二级市场上处置股权，完成退出，进而偿还特别国债的本金和利息。

3. 新基建计划

受到传统基建的影响，市场对新基建存在许多误解，主要有：一是认为政府对新基建的投资会像传统基建一样，大规模、大投入、大计划；二是认为政府在新基建项目中仍将是作为甲方，市场主体是乙方，争取政府的"蛋糕"；三是认为新基建是政府的大规模补贴，不仅可以获得市场融资便利，还可以获得政府补贴利益。

但实际上，新基建无法像上述的理解一样开展，原因如下。第一，新基建多是产业基础设施，目前就具有较成熟的市场运作模式，也有成熟的投资主体、运营主体，政府对新基建的介入主要有两个角度：一是做基础的基础，也即产业基础设施中带有公共基础设施性质的部分；二是做市场的难点和盲点，即市场难以进入、难以承受或难以布局的区位和领域由政府来进行投入。第二，新基建领域政府并不是简单的产权主体，更主要的是政府要立足于建成的基础设施与现有基础设施一体运营、发挥整体效力，所以，政府对新基建的参与多数是合作方，政府支持和参与新基建建设，受益方是新基建设施的管理方、运营方和使用方。第三，政府对新基建的投入资金来源于专项债，这就决定了新基建支出肯定是资本性支出，而不可能是补贴等经营性支出，相关的政府投入都应对应着合理的产权或股权，政府依据协议运用相关权益。

因此，新基建给市场带来的影响和促进的关键点是：第一，相关市场主体拥有良好的经验和能力，可以作为新基建的建设方、管理方和运营方；第二，作为新基础设施的重要支持行业和领域，随着新基建的完成，拥有更好的生产条件、经营模式和消费场景；第三，作为新基建的投资主体，可以获得政府政策的直接支持，从而获得更多、成本更低的资金，保障新基建项目的开工、建设和落成。

（执笔人：闫坤、张鹏）

全球新冠肺炎疫情背景下如何化危为机

（2020年第二季度）

一 美国深陷新冠，经济复苏曲折

2020年第二季度，美国深陷全球新冠病毒的影响，经济活动趋于停滞。4—5月，美国新冠病毒感染新增人数趋势一度缓和，但随着经济活动开工的影响，每日新冠病毒感染新增人数又攀升至7万—8万人。截至7月17日，美国累计新冠病毒感染人数达377万人。按照我们的美国经济高频指标，第二季度美国GDP增速可能降至-40%左右的水平，主要是新冠病毒对经济活动的拖累。由于行政体制的差异，美国经济要想重新回到潜在增速水平，可能需要经历相当长的一段时间。我们认为，美联储将持续实施较为宽松的货币政策，包括进一步扩大资产负债表，进一步维护金融市场稳定。具体而言，2009年至今美国股市走势与全球各大央行宽松货币政策之间的相关系数达82%，即宽松的货币政策是支撑美股的最重要因素。基于金融市场风险的考虑，以及2020年美国大选的政治考虑，我们认为美联储将持续宽松的货币政策。欧洲和日本等发达经济体的领先指标已经显示略微好于美国，金融市场也与宽松的货币政策密切相关，预计跟随美联储的持续宽松政策。2020年下半年，海外经济体基本面情况将缓慢回升，各大央行将持续走上宽松的道路，有利于全球风险资产的估值扩张。全球新冠病毒在2020年秋冬季还有"第二波"冲击的可能，疫苗的早日诞生，全球团结防疫早日实现等将有助于人类战胜病毒，重归平静和正常的生活。

（一）美国经济基本面黯淡，美联储持续宽松

2020年第二季度，美国经济饱受新冠肺炎疫情的影响。美国经济的复工面临两难困境，衰退难以在短期内结束。美国要么选择安全复工，继续坚持隔离和停工直到达到条件后再复工，这样就必须接受一段时间的经济停摆，要么选择短期内强行复工，在疫情没有得到较好防控的情况下复工，这样就必须接受疫情二次暴发乃至彻底失控的风险。由于美国普通家庭的

低储蓄率，居民无法忍受较长时间的经济活动隔离和停滞状态，因此在疫情一度得到基本控制时，美国经济开始重启复工。由于防控与复工的矛盾，美国新冠肺炎疫情在6月重新失控，再次影响经济活动和经济增长预期。

美国不顾疫情的延续，5月开启复工以来，经济活动重新升温，但整体修复节奏较慢，远不及德国等国。5月，美国大部分州陆续解除"禁足令"，开始推进复工复产。受此影响，美国经济活动重新升温。从美国经济的高频数据来看，企业生产端的指标，如钢铁产量、发电量等纷纷提升；居民线下消费端、零售销售、餐馆用餐人数等止跌反弹。虽已重启，但美国经济的整体修复节奏较慢，远不及复工时间相近的德国以及更晚的意大利等国。从美国经济领先指标的变化来看，开启复工至今，经济虽有反弹，但幅度不足40%，依然远低于疫情暴发前。与德国、意大利等国相比，美国的修复速度明显更慢，且短期内疫情再次暴发，更是雪上加霜。

按照我们的美国高频数据模拟估计，我们认为美国经济2020年第二季度GDP增速在-40%左右，经济复苏起伏不定，处于复工和防疫的两难选择中。虽然从短期的一些经济数据来看，美国经济正在缓慢复苏，但是由于疫情的再次来袭，我们认为2020年下半年美国经济快速复苏的可能性较低，仍然需要美联储提供宽松的货币政策支持。2009年至今美国股市走势与全球各大央行宽松货币政策之间的相关系数达82%，即宽松的货币政策是支撑美股的最重要因素。美联储在美国经济低迷、下半年总统大选的背景下，可能持续实施宽松的货币政策。

1. 美国消费增速短暂复苏，但仍有压力

消费和服务是美国经济的主要驱动力之一，短期内数据虽有改善，但未来一个阶段的前景预期仍有压力。从国民经济支出来看，消费部门占美国GDP比重高达70%，是美国经济的主要动力，也是短期经济波动的重要来源。美国消费稳定，经济的整体趋势就保持稳定。按照我们的美国居民消费影响因素模型的结果，美国居民消费受居民收入增长预期、消费信贷环境等因素的影响。

首先，消费数据受到经济增长预期的影响。具体而言，我们监测的彭博（Bloomberg）上关于recession（衰退）的搜索自3月23日达到高峰后逐级下降，但该"衰退"搜索指标目前尚未下降至疫情前的平均水平，仍处于非疫情时期的相对高位。这一数据在6月持续高位徘徊。我们认为，此轮"衰退"搜索频率的下降一方面与全球主要发达经济体迅速推出大规模货币及财政政策刺激有关，另一方面，也与 5 月以来美国复工复产之后经济环比略微改善有关。随着复工的延续，海外疫情二次暴发。6 月 20 日以来，"衰退"搜索频率有小幅上升。目前全球疫情处于持续扩大阶段（如图 1、图 2 所示），未来一个阶段仍有继续暴发的可能，我们预期全球经济前景较为黯淡。

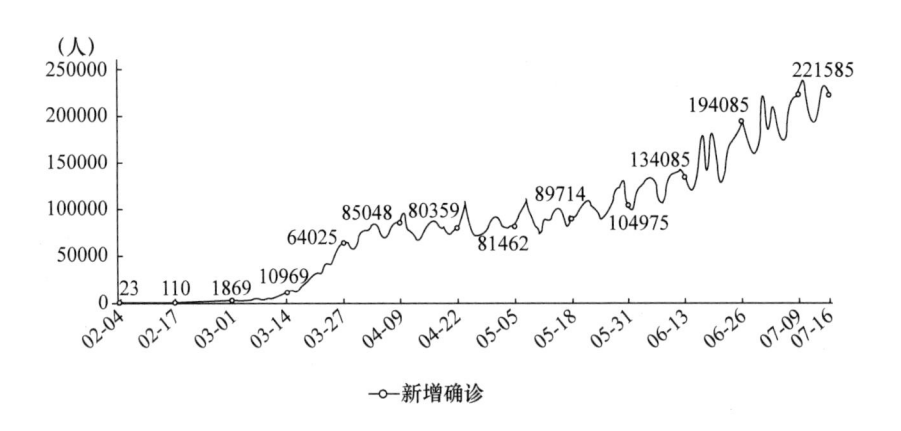

图 1 2020 年国外新冠肺炎疫情新增趋势

资料来源：万得数据库。

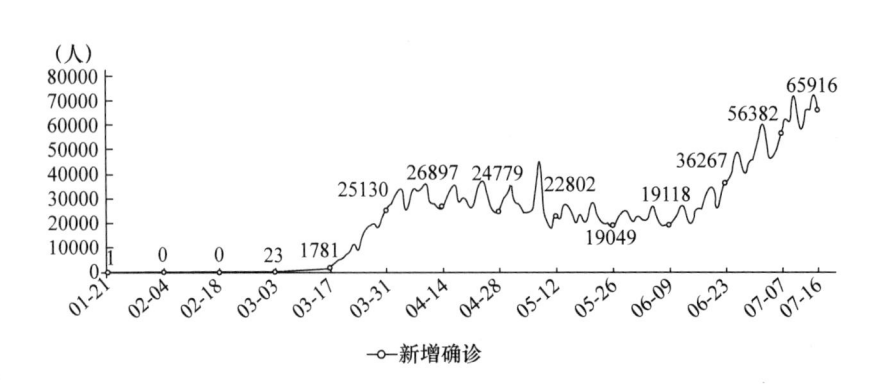

图 2 2020 年美国新冠肺炎新增确诊趋势

资料来源：万得数据库。

按照我们的美国消费数据指标，美国在宽松货币政策和财政救济计划之后，略微有所改善，但持续性仍需观察。第一个指标为美国红皮书商业零售，它是根据全美国代表大约9000家商店的一般商品零售商作为样本，按照销售加权计算同店销售的同比增长数据。第二个指标为ABC News消费者信心指数，它是每月随机访问全美大约1000名成年人，询问对个人财务状况和当前的消费欲望，并将调查报告结果取四周移动平均值。从两个零售高频综合指标来看，零售数据6月开始反弹但幅度有限，震荡走弱（如图3所示）。

从全美的影院收入来看美国消费服务趋势，影院属于密闭场所下人员密集场所，疫情对电影消费冲击巨大。从Box office（全美权威的在线票房统计网站）统计美国的电影放映数量和电影票房总收入来看，自新冠肺炎疫情暴发以来，影院电影放映数量直线下滑。其中，自新冠肺炎疫情在北美暴发以来，票房基本处于0附近。

其次，美国居民的消费很多来自消费贷款的支持，从消费贷款数据来看，自2020年3月中旬以来，同比趋势快速下降。6月以来下降斜率有所平坦，但也仅是环比降幅收窄，但环比增幅依然低于0，消费贷款同比依然处于下降阶段（如图4所示）。消费者对于贷款消费的动力依然明显不足，意味着普通民众对于经济

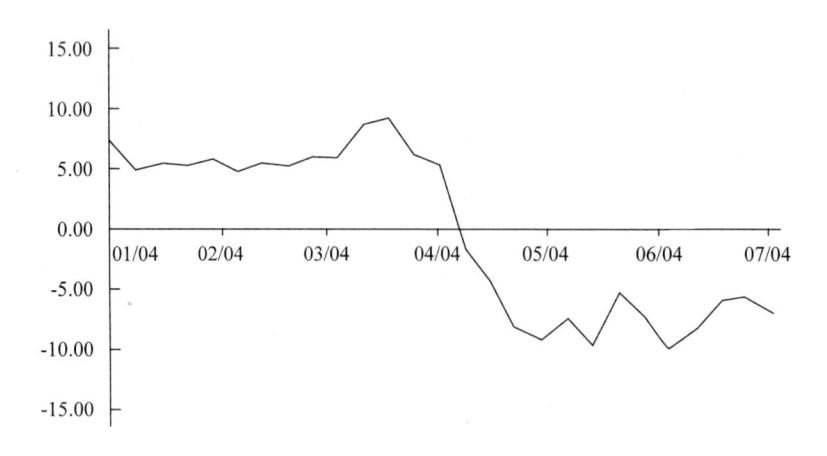

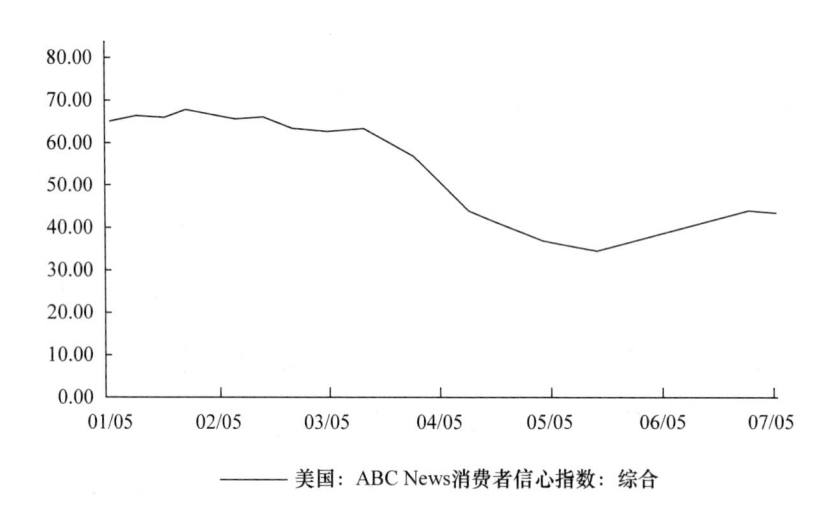

图3 2020年美国红皮书商业零售指标和ABC News消费者信心指数
资料来源：万得数据库。

前景预期黯淡，美国消费数据改善的持续性并不强。

美国家庭的低储蓄率问题在遇到新冠肺炎疫情这样的突发性事件时显得较为脆弱。中长期而言，2008年全球次贷危机后美国居民消费增速整体上弱于次贷

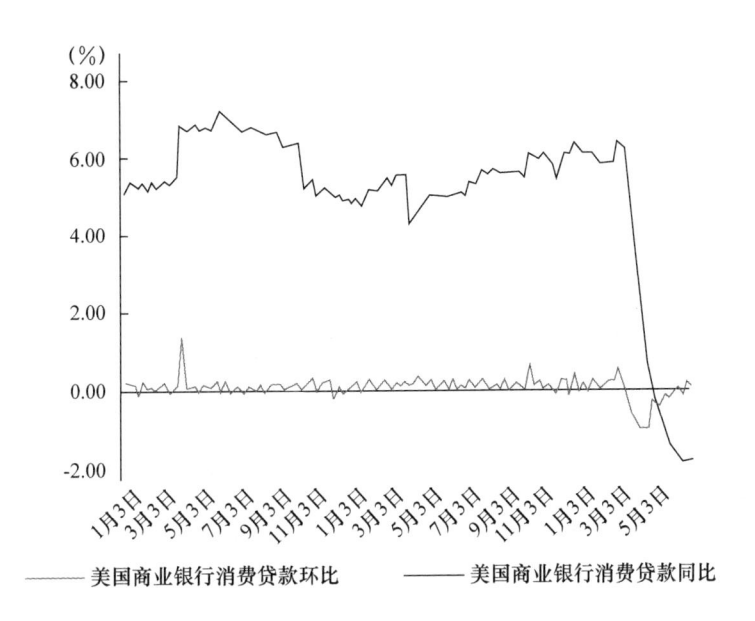

图 4　2020 年美国商业银行消费贷款环比和同比增速

资料来源：万得数据库。

危机前，并且居民部门持续去杠杆。美国居民部门的去杠杆是缓和与健康的，当然去杠杆造成了美国居民消费增速整体下降，但是也为未来的金融和经济平稳增长起到了较好的支撑作用。美国居民部门去杠杆的过程，使得美国居民消费习惯略微保守、消费心理更为谨慎，金融机构也变得更加谨慎，当然这些变化是与美国 2008 年金融危机之前的横向比较。如果与其他经济体纵向比较，那么美国居民消费增速和居民消费习惯并不能说非常保守。值得注意的是，2008 年金融危机之后，美国居民薪资增速不高，也是美国居民消费较为平稳的重要原因。如果疫情二次暴发，我们认为美联储就将加大力度支持美国家庭的日常消费。

2. 美国生产部门小幅回升，但趋势并不明朗

美国制造业 PMI 小幅回暖，需求带动生产扩张。6月制造业 PMI 达 52.6，好于上期值 43.1，超过预期值 49.8。一方面，6月新增订单与支付价格较上期增加明显，经济活动进入扩张区间，带动制造业 PMI 显著增加；另一方面，5月 PMI 基数处于 43.1 的低位，而美国在5月后逐步重启经济，6月基本进入重启第三阶段，低基数下的经济重启促成 6月制造业 PMI 显著增加（如图5所示）。

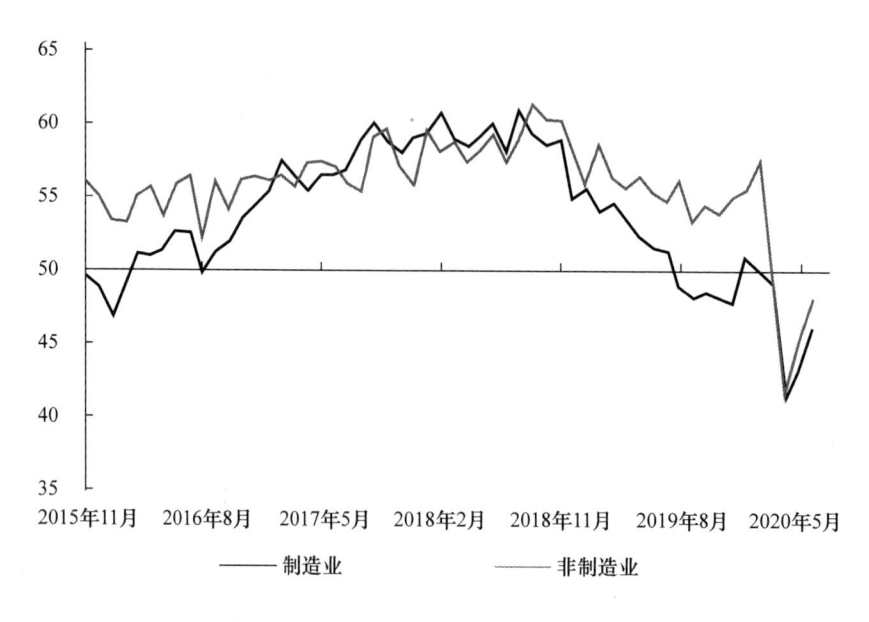

图 5 美国制造业 PMI 和非制造业 PMI

资料来源：万得数据库。

美国生产部门的主要需求领域来自房地产市场。美国 NABH 房地产市场指数逐渐回暖,房地产市场销量有所回升。随着美国经济逐步恢复,美国房地产市场逐渐复苏,房地产指数较之前有所上升,但美国房地产的新屋开工和建筑许可的数据仍旧在下降,情况不容乐观(如图6所示)。此外,在复工复产背景下,美国消费者对就业恢复、需求回升、经济复苏的乐观情绪有所升温。

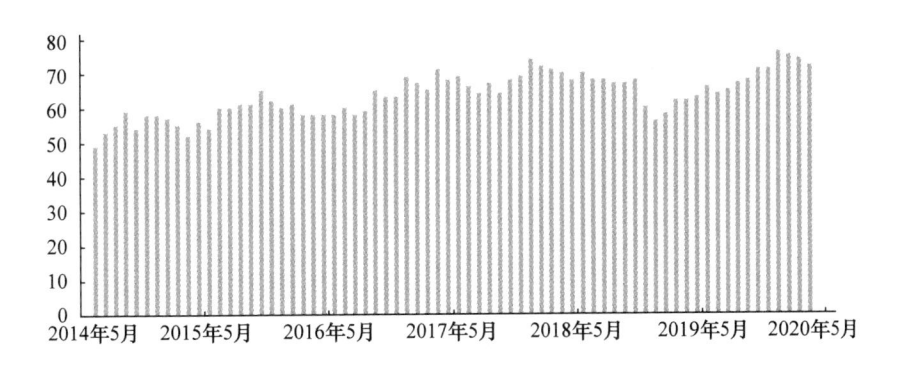

图6 美国 NABH 房地产市场指数

资料来源:万得数据库。

如图7所示,美国的就业市场复苏目前来看改善显著,但仍有压力。7月失业情况转好,经济重启使就业市场需求增加,近期周度持续失业金申请人数下降。6月新增非农就业480万人,好于上期值270万人,远超预期值323万人,为政府1939年开始记录以来的最大增幅。具体来看,新增非农就业人数主要来自服务业,增长了426.3万人,占全部增长人数的89%。同时,6月失业率为11.1%,较上期值下降2.2

个百分点，好于预期值的12.5%；劳动参与率较上期增加；就业不足率和首次申请失业金人数较上期均有所下降；但持续领取失业金人数较上期增加且高于预期。美国复工复产下，就业市场呈现复苏趋势，但仍需警惕近期疫情反弹再次冲击就业市场。

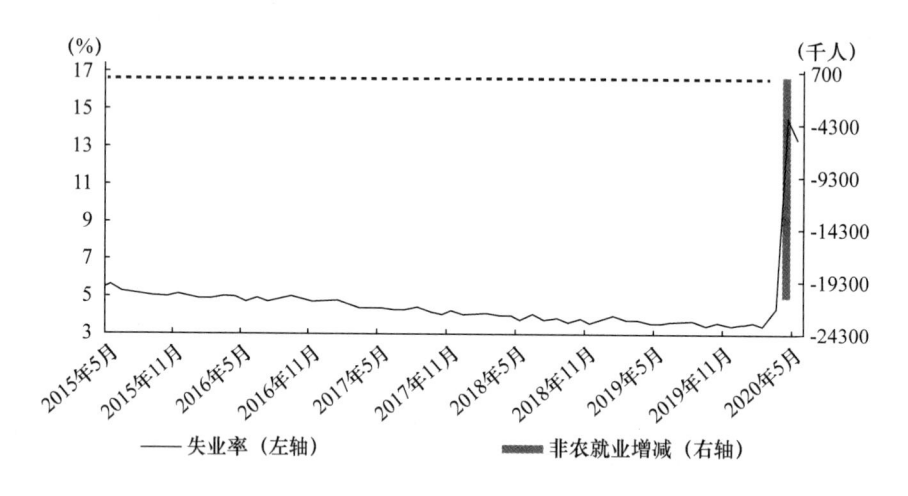

图7　美国非农就业人数和失业率

资料来源：万得数据库。

从生产部门的高频数据来看，美国经济短期略微复苏，但随着疫情重新抬头，未来前景暗淡。我们选取粗钢生产量、炼油厂开工率、发电量和铁路货运量等数据来展示。自4月中下旬以来，粗钢生产量及炼油厂开工率下滑态势企稳，炼油厂受益于5月油价的上行，呈逐步恢复走势。随着2020年6月美国新冠肺炎疫情的重新抬升，美国生产部门缓慢复苏的可持续性压力很大。

3. 美国通胀水平平稳，但全球有粮食危机的隐忧

美国通胀水平较为平稳，在一定程度上支持美联储再采取较为激进的宽松货币政策。6月CPI环比为0.6%，核心CPI环比为0.2%。6月通胀数据主要为原油及食品拉动CPI触底回升。航空、服饰、酒店价格以及汽车保险触底回升，医疗及住宅持续高位但略有回落。可选消费价格触底回升，必选消费价格黏性较强但略有回落，使得核心CPI触底企稳。预计10月前通胀持续回升，10月后回升速度或有所减缓。原油价格回升成为5月后CPI回升的最大动力。汽油价格环比上升12.3%，拉动能源分项上升5.1%，贡献了CPI上涨的50%。其他能源价格较为稳定或略有下降，天然气环比上升0%，电力上升-0.3%。从同比来看，能源分项上升-12.6%，其中汽油上升-23.4%，天然气上升-0.2%，电力0.1%。食品分项环比增速连续2个月回落，但仍高于正常水平，造成同比持续上涨，分项中仍以牛肉价格持续上涨最为瞩目。居家食品持续上涨，环比上升0.7%。6月食品6大分项中5大分项再次普涨，其中肉禽蛋分项环比涨2%，主要反映在牛肉环比涨4.8%。食品价格上涨与相关工厂停产以及供应链运输中断有关。日用品分项出现首次回落。非居家食品价格有所回升，但与同比来看仍在合理范围。值得关注的是，美国核心CPI回升。核心CPI

环比上升0.2%，结束了有数据以来首次连续三个月的收缩。其中汽车保险环比上升5.1%，航空机票上升2.6%。车价回落，二手车环比上升-1.2%，连续三个月下降，新车价格环比上升为0。同比来看，核心CPI同比上升1.2%。住宅上升2.4%，其中租金上升3.2%，住宅价格上升2.8%，酒店上升-14%。医疗保险上升5.1%。航空机票、服装、车险、二手车以及新车均下降（如图8所示）。

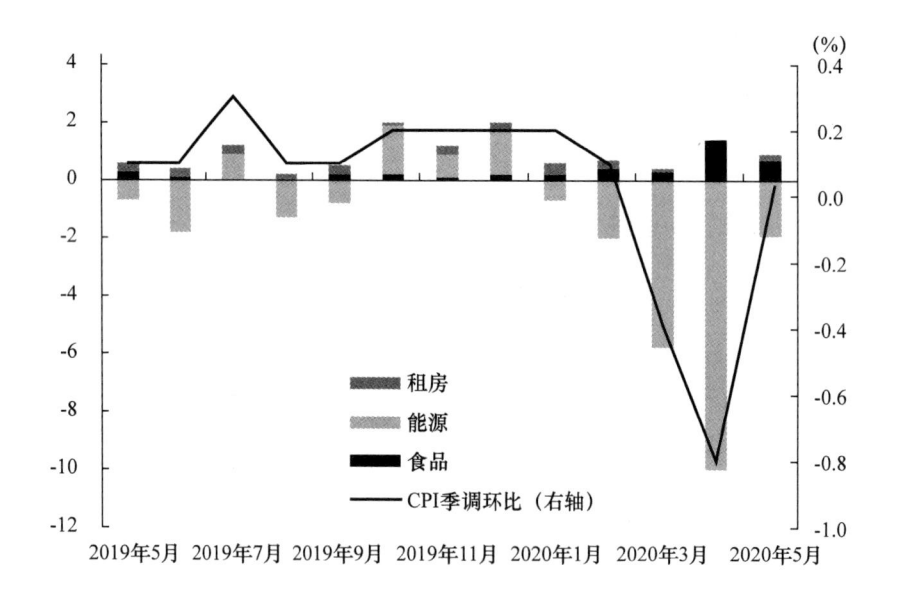

图8 美国CPI季调环比

资料来源：万得数据库。

短期内，美国通胀并不会形成对宽松货币政策的制约。随着流动性危机逐渐解决、美股重新反弹创新高，通货膨胀的前景成为最新普遍担忧。我们认为，短期内，美国通胀不会成为对美联储进一步采取宽松货币政策的制约。第一，大量宽松的资金并不直接进入实体经济，而是率先用于还债。美国消费者债务支出占收入的比例和非金融企业杠杆水平近年来都呈现出不断攀升的状态。较高的杠杆水平意味着大量的流动性被用来还本付息，同时企业还要尽力维持运营。政府对居民和企业的救助也很难造成通胀，主要是用来填补疫情造成的流动性缺口。第二，目前来看美国的总需求复苏慢于总供给，短期内并不会有显著的通胀压力。疫情导致的生产活动受阻虽然在一定时期内中断供应，导致价格上升，但也会削弱被解雇工人的赚钱和消费能力。供给冲击导致的需求下降可能比供给下降本身更严重，在一定时期内较难恢复到疫情前的水平。

值得注意的是，新冠肺炎疫情对于粮食主产国的影响在扩大，需要防止全球性的粮食危机。目前印度、巴西疫情严重，而美国2020年1月自两地进口的各项农产品金额同比增速锐减，美国最大的农产品进口国墨西哥新增确诊病例仍在上行，且死亡率居高不下，目前墨西哥的新冠病毒感染死亡率是全球平均死亡率的两倍以上。若粮食主要产出国疫情持续恶化，且长期不能得到控制，不能排除将出现严峻的粮食危机，从而演化为全球性的食品通胀，给美国通胀带来上行压力。

（二）欧洲增长乏力，将持续宽松

欧洲经济饱受新冠肺炎疫情的影响，短期经济出现显著改善信号，但复苏仍处于初期。5月和6月欧元区经济略有改善，消费出现复苏迹象，工业产出出现大幅反弹。不过欧央行认为当前复苏还处于初期，尚需稳固，比较突出的问题是复苏程度在不同部门和经济体之间存在较大差异。

欧元区经济状况略有改善，PMI 均有上升（如图9所示）。具体而言，2020年6月，欧元区 Markit 制造业 PMI 为 47.4，Markit 服务业 PMI 为 48.3；德国 Markit 制造业 PMI 为 45.2，Markit 服务业 PMI 为 47.3；法国 Markit 制造业 PMI 为 52.3，Markit 服务业 PMI 为

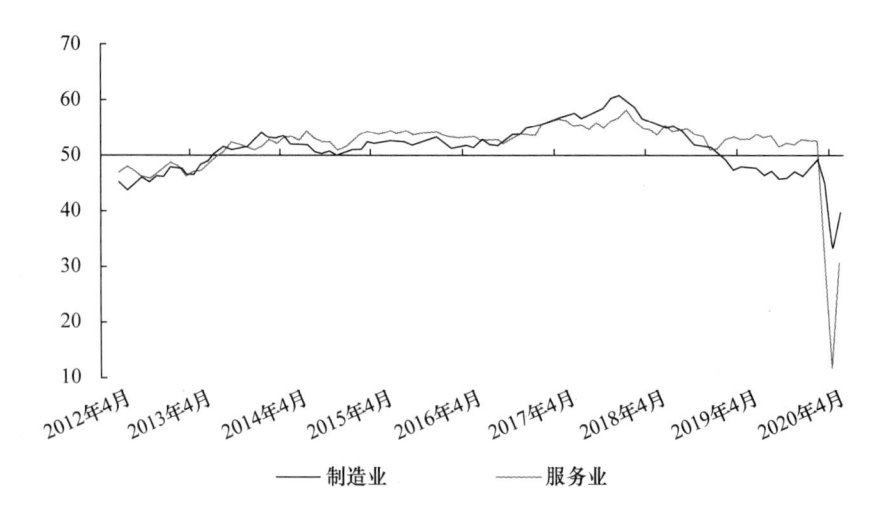

图9 欧洲制造业 PMI 和服务业 PMI 指标

资料来源：万得数据库。

50.7；西班牙 Markit 制造业 PMI 为 49.0，Markit 服务业 PMI 为 50.2；意大利 Markit 制造业 PMI 为 47.5，Markit 服务业 PMI 为 46.4。欧元区各国的制造业和服务业 PMI 均有所上升，显示经济不断回暖。

欧元区经济景气指数略有改善，但未来还有压力。欧元区 6 月经济景气指数为 75.7，好于上期值 67.5；工业景气指数为 -21.7，好于上期值 -27.5；服务业信心指数为 -35.6，好于上期值 -43.0；消费者信心指数与上期持平，均为 -14.7。目前来看，欧元区的经济已经从谷底逐步改善，各项指标均有所提升，但疫情带来的影响仍在持续，其经济尚未回归到正常水平，未来还有一定压力。

6 月欧元区各国失业情况有所改善。随着各国复工复产的进行，其就业市场的情况也有所改善。6 月欧元区的失业率为 7.4%，较上期小幅下降，显示其失业状况没有继续恶化。总体而言，欧洲的经济复苏略高于美国，但前景并不乐观。

1. 欧洲经济增长和通胀将继续乏力

欧洲通胀将继续乏力。除了油价因素外，德国等经济体的减税政策也将进一步施压通胀，预计通胀年内还会再次下降，2021 年初才会企稳回升。从 6 月的数据来看，欧央行购债速度进一步加快，单月 PEPP 净购债量超 1200 亿欧元。欧元区广义货币 M3 同比增长

8.93%，创下2008年8月以来的新高。从存、贷两个角度看，一方面银行信贷规模提速，从具体构成来看，非金融企业信贷增速大幅上升，创下2009年3月以来的新高，不过家庭贷款增速放缓，消费信贷降速是最大的拖累因素；另一方面，经济中的不确定性使得欧元区居民持有的预防性存款大增，M3的增速中M1的增长贡献最大，其中隔夜存款的增长尤其明显，彰显了居民对高流动性资产的需求，以应对突发的不确定性状况。

较为脆弱的劳动力市场、萎靡的实体经济基本面使得欧洲经济前景较为暗淡。欧央行为不佳的经济前景预备了工具，从6月和7月议息会议的结果来看，欧央行亮出底牌后将逆周期政策的压力推向了欧盟的财政政策。一方面是美联储进一步宽松的预期，另一方面则是欧盟统一财政框架下，欧元区经济的稳步复苏。尽管当前欧盟复苏基金计划的批准依旧受阻，但迟到不等于不到，可能会错过最好的经济救助窗口，但稳步宽松的措施本身对于欧元中长期的稳定更加重要。

2. 欧洲大概率将跟随美国加大宽松力度

欧央行在货币政策上继续保持宽松，但是在边际上已经表现出一定的克制，除此之外尽管言辞谨慎，欧央行还是透露出对于经济的积极预期。

欧盟委员会 5 月提出 7500 亿欧元复兴基金计划的方案，该方案具体包括 5000 亿欧元的拨款，资金分配上将向意大利、西班牙等南欧国家倾斜，另有 2500 亿欧元贷款额度，由各国以贷款形式向欧盟申请，欧盟委员会的资金来源则主要为发行债券筹集。该方案提出后，市场予以较高预期，因为若获得通过将带来欧元区协同财政政策迈出重要一步。

但该方案遭到"节俭四国"（荷兰、丹麦、奥地利、瑞典）的反对，最终方案能否落地取决于这四国立场是否变化。目前德、法对方案表示支持，且是主要推动国，意大利、西班牙等南欧国家在此方案中受益最大，因此也持积极态度。但由于该项方案倾向于扶持南欧国家，遭到了以荷兰为首的"节俭四国"的反对，这四国作为欧盟净出资国，认为不应直接以拨款的方式援助南欧国家，主张以借款方式进行援助，且应附加改革条件。近期，作为方案的主要推动国，德、法领导人均与荷兰首相进行了会谈。德国总理默克尔与荷兰首相吕特进行会谈后，荷兰首相言辞略有放松，表示欧洲复兴基金很重要，不过该基金的实施需要与改革挂钩。我们认为，随着全球疫情的持续蔓延，欧洲大概率将跟随美国加大宽松力度。

（三）美联储将继续宽松，维护全球金融市场稳定

美联储货币政策与全球金融市场稳定密切相关。

按照我们的分析，美国股市的标普500指数与美联储资产负债表宽松之间的相关性有82%左右，即美联储继续宽松将推动股市上涨；美联储紧缩货币政策，将使得全球股市承压（如图10所示）。美联储的货币政策行为，在2020年下半年一定程度上受到美国金融市场波动的影响。我们认为，美联储将持续宽松，维护金融市场稳定。

1. 全球金融市场波动与美联储货币政策密切相关

美国股票市场的预期里，已经将第二季度GDP-40%的增速，和全球经济停滞的风险计入。这一轮是外在冲击引起的基本面停滞冲击，其与金融市场的信心关系不大，也很难靠继续宽松来迅速恢复，最多只能补充金融机构的流动性，救急但不救命。再加上过去十年超大规模的货币政策量化宽松，我们认为欧美金融市场波动的原因中外因是新冠肺炎疫情的暴发和蔓延，内因是实体经济投资回报率下降、量化宽松政策持续时间太长。

2009年之后的金融市场波动，从我们的归因模型来看，大约80%来自全球主要经济体货币当局的宽松扩张，只有约20%来自经济基本面的改善（如图11所示）。

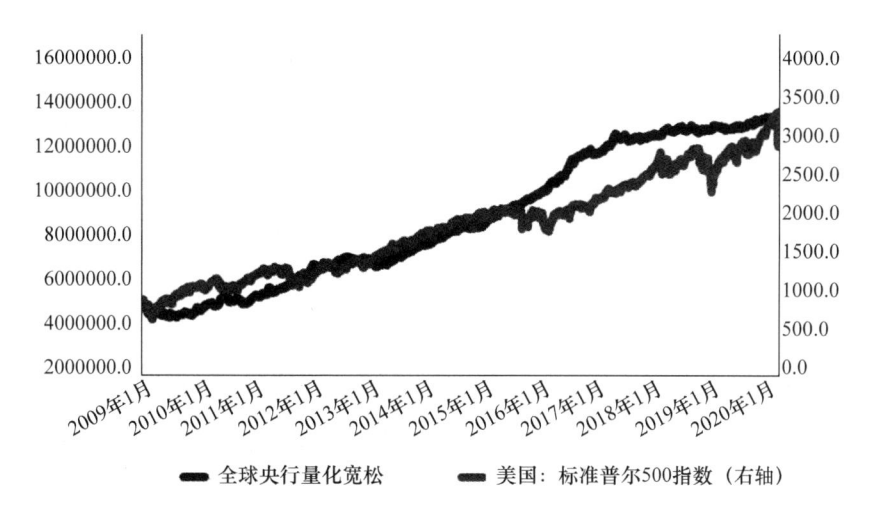

图 10 美国标普 500 指数与全球央行货币宽松

资料来源：万得数据库。

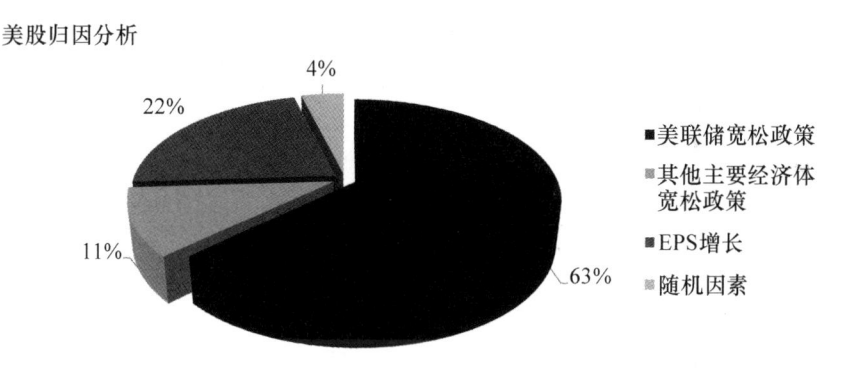

图 11 美国股市归因分析

资料来源：万得数据库。

美联储近期资产负债表连续缩减，并不是政策转向，主要是结构性缩表。若美联储没有进一步提高资产购买额度，预计后续资产负债表仍会继续小幅下跌。我们认为，这并不反映美联储的政策转向。美联储目前非常看重基于结果的前瞻指引，根据其前瞻指引，将继续采取高度宽松的金融条件来加快经济复苏。

我们认为，2020年下半年美国面临大选和新冠肺炎疫情蔓延，美联储将持续加大宽松力度。从中长期的视角来看，20世纪70年代美国布雷顿森林体系崩溃之后的货币宽松策略，向全球收铸币税，造成国内贫富差距扩大，真实薪资水平倒退。2008年之后的量化宽松加速了国内矛盾爆发，民粹主义抬升。前瞻地看，美国国内金融市场的内生要求和国内民粹主义的抬升，将使得美联储货币政策在未来一段时间易松难紧，全球各大经济体的货币政策趋势趋同。美联储加大宽松力度，将使得全球主要经济体可能跟随其在2020年下半年也采取类似的宽松货币政策。全球宽松货币政策的延续，有利于金融市场复苏和实体经济企稳。

2. 全球民粹主义的抬升

新冠肺炎疫情和全球央行的持续宽松将进一步推动全球民粹主义。欧美的新冠肺炎疫情趋势短期内很难做到中国这样的严格切断传染源的举措，短期内迅速控制的可能性较小。欧美以消费和服务业为主，居民储蓄率普遍很低，以小时薪资计酬的劳动力大量存在。如果经济停滞一个季度以上，那么欧美经济和社会将无法像中国这样承受。欧美的底层人民、民粹主义以及政治稳定性将受到严峻的考验。全球民粹主义指数已经攀升至第二次世界大战前的水平，随着社会的预期混乱，我们认为地区之间、阶层之间的仇恨和矛盾将加深，我国也将面临新的外交环境。

具体到中美贸易摩擦，合作共赢好于恶性竞争。从全球经济体的整体利益、中美两国的利益来考虑，应该极力避免爆发进一步的贸易冲突。从可计算的一般均衡模型结果来看，中美两国应该尽力避免贸易战进一步升级，重新回到合作共赢的轨道上来，共同应对全球的重大事件。

二 中国经济温和复苏，结构化改革效果显现

2020年上半年，面对新冠肺炎疫情带来的严峻挑战，中国统筹推进疫情防控和经济社会发展，疫情防控形势持续向好，复工复产、复商复市有序推进，宏观政策效应持续显现，经济增长实现了由负转正，整体经济稳步复苏态势明显。供给端的复苏略快于需求端，这符合经济周期的一般规律。随着疫情的控制和经济活动的恢复，中国需求端的恢复也将逐渐跟上供给端。2020年上半年，中国GDP为456614亿元，按不变价格计算，比上年同期下降1.6%。2020年第二季度，中国GDP为250110亿元，按不变价格计算，比上年同期增长3.2%，一季度为下降6.8%，经济增速实现由负转

正，经济整体呈现快速回升态势。从环比看，经调整季节因素后，第二季度GDP环比增长11.5%，第一季度为下降10.0%。国内经济重返扩张主要是国内在短时间内有效遏制住疫情蔓延，并且国内各部分协同推出"政策组合拳"，有序推动复工复产，托底内需政策效果释放，叠加海外主要经济体先后解封复产，国内供需两端经济活动逐步加快，至6月国内多数行业基本恢复至疫情前水平，不少行业表现好于疫情前。第二季度的国内制造业PMI指数、工业产出、进出口数据及用电量、挖掘机等物量指标显示国内经济重返扩张区域。

2020年上半年，面对肆虐全球的新冠肺炎疫情，中国实际GDP增速比上年同期下降1.6%，其中，第二季度实际GDP增速达3.2%，在全球主要经济体中率先恢复，彰显了中国经济增长的坚强韧性。面对海外日益恶化的疫情，全球民粹主义抬头和纠纷不断的国际环境，加快结构性改革是中国经济行稳致远的关键。2020年上半年，中国经济从新冠肺炎疫情中逐步企稳回升，主要表现在：其一，国内汽车销售等逐步反弹；其二，包括5G、云计算等高技术行业延续强劲格局；其三，中国出口韧性强劲，始终没有失速。为了保障经济增速位于合理区间，2020年下半年财政政策和货币政策仍需发力，在防范中长期经济和金融风险的同时，为加快经济活动恢复到正常水平助力，加快结构性改革。

前瞻地看，2020年下半年，在财政政策和货币政策持续发力的背景下，基建投资增速可能继续回升，消费增速也有望企稳回升。我们预计，2020年下半年中国经济增速将逐步恢复到潜在产出5%左右，持续向好，主要假设为：（1）房地产投资累计同比增速有望持续发力；（2）基建增速再提升2—3个百分点；（3）社会零售总额增速逐渐恢复到正常水平；（4）出口增长可能有压力。短周期而言，中国经济增长领先于其他主要经济体，率先恢复到正常水平，为稳定全球经济做出了重要贡献。面对可能反复的新冠肺炎疫情，我们认为，应该继续保持较为宽松的货币政策和财政政策，抓住机遇，化危为机，推动高质量的经济增长。

（一）保就业：略有改善，仍需大力稳定重点群体就业

就业与经济增长之间存在正相关，并且具有一定的滞后性。按照我们对中国经济增长与就业人数的模型测算，只要中国经济处于合理区间，就不会出现较为严重的就业问题。短期由于一些外部事件冲击形成的摩擦性失业，也将随着疫情形势好转和经济活动恢复而逐渐好转。具体而言，按照我们的就业与经济增

长的门限模型分析，如果下半年经济增长达不到4.0%，那么将会继续出现一定程度的就业压力，特别表现在大学生就业和劳动密集型产业。2020年第二季度，随着疫情影响减弱，生产生活秩序逐步恢复，各项就业政策持续见效，就业形势逐步改善，各月城镇调查失业率分别为6.0%、5.9%、5.7%，呈逐步回落态势，其中6月份失业率较2月的顶峰下降了0.5个百分点。前期因疫情影响退出的劳动力陆续返回，绝大多数已重新找到工作，6月份城镇劳动参与率较2月份上升10个百分点左右，比疫情前的1月份高约0.6个百分点，与2019年同期水平接近。6月份，城镇就业总量较2月份增长超过19%，就业人数已超过1月份，且多数行业达到疫情前水平。全球新冠肺炎疫情的形势目前依然严峻，全球主要经济体和新兴市场经济体仍然饱受疫情的影响，经济活动存在重新降速的可能，对部分群体就业的影响依然较大。因此，2020年下半年要稳定经济增长，采取一系列措施，结构性降低大学生等人群的就业压力。

我们分别用两种方法：行业分步估算和奥肯定律（就业与经济增长之间的关系），对中国当前和未来一段时间的潜在失业情况进行估算。

1. 行业分步估算

按照商务部的最新数据，截至6月底，大型农产品批发市场平均复工率逐步接近正常水平。餐饮、住宿、家政企业的复工率分别达到90%以上。其他类型的服务业，比如文体娱乐、教育培训、旅游业，从草根调研来看，目前整体复工营业的逐渐增多。北京市按照国家的有关要求，积极研究、有序推进低风险地区影剧院、演出娱乐和互联网上网服务营业等场所有序开放经营活动。

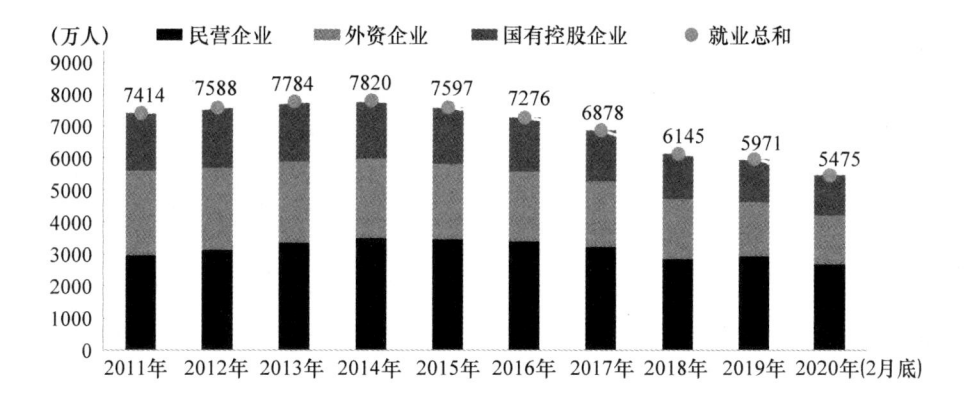

图12 2011年至2012年2月底规模以上工业企业就业人员数

资料来源：国家统计局。

综上所述，从规模以上工业企业、中小型工业企业和服务业的分项分析来看，中国因新冠肺炎疫情影响的摩擦性失业人数在2020年2月底最高峰时可能较为严峻。随着经济的逐步复苏，刺激政策的落实等有利因素的促进，工业部门和服务业部门的就业压力已经逐步得到缓解。但是，海外疫情的发展和国内疫情潜在反复的风险，将持续制约着工业生产和服务业的正常化。按照分部门的就业人口预估，中国目前总体就业形势较好，摩擦性失业率维持在6.7%左右，并呈现下降趋势。

2. 奥肯定律（就业与经济增长之间的关系）对失业压力的测算

就业与经济增长之间存在一定程度的正相关，即GDP增长对就业水平具有拉动作用，我们称为奥肯定律。具体而言，从第一产业、第二产业和第三产业的结构性角度来看，单位GDP拉动的第三产业的就业最大。

如果在整个2020年第二季度，我们的生产水平较2019年同期提升6%左右，那么疫情对经济的影响主要是产能而不是产能的效率，产能的效率我们按照线性外推假设来实现。

按照分产业的复工情况和生产效率的假设，以及分产业的比重来测算新冠肺炎疫情对2020年第二季度经济增长的影响为：

$$\Delta GDP = 10\% \times Sector_{第一产业} \times (1 + x\%) + \\ 40\% \times Sector_{第二产业} \times (1 + y\%) + \\ 50\% \times Sector_{第三产业} \times (1 + z\%) - 1$$

其中，x、y、z分别为第一、二、三产业的产能效率的同比提升；10%、40%、50%是中国第一、二、三产业的分别比重。

2020年4月份以后,中国经济活动可能基本恢复正常,那么新冠肺炎疫情对2020年第一季度GDP的影响较为显著。

按照奥肯定律的相关经验方程,我们采取2020年第二季度中国GDP增速大约为3.2%的上限增长假设,分别对第二产业和第三产业的失业压力进行估算:

$$\Delta Sector_{第二产业就业} = \alpha \times (1 - \mu\%)$$
$$\Delta Sector_{第三产业就业} = \beta \times (1 - \eta\%)$$

其中,α、β分别为第二产业和第三产业的就业与经济增长弹性,μ、η分别为第二产业和第三产业的产值的下降程度。

综上所述,按照总量估计的方法,在新冠肺炎疫情影响下,当前中国失业压力随着疫情控制和经济活动逐渐恢复已经逐渐好转,目前的失业压力主要集中在大学生就业和部分行业农民工等就业压力。

加强对第三产业就业恢复的帮扶工作,特别是促进大中专毕业生和农民工的第三产业新增就业。高等教育和中等职业教育毕业生主要分布于制造业、批发和零售业、公共管理、社会保障和社会组织、教育业、卫生和社会工作、金融业、交通运输和仓储邮政业等,第三产业占比超过70%。农民工曾是建筑业和制造业的主要劳动力,目前仅占城镇新增就业的16%,而且随着群体加速老龄化,就业越来越倾向于较轻体力的第三产业。第三产业，主要包括公共管理、社会保障和社会组织、教育业、卫生和社会工作，主要是公务员和事业单位。可以考虑适当扩招，尤其是在此次疫情暴露出的卫生和社会工作短板领域。批发和零售业、交通运输和仓储邮政业，加上餐饮和住宿业、文体娱乐业、居民服务业，受疫情影响严重。除交通运输和仓储邮政业外，上述行业80%以上的就业岗位由私营企业和个体户提供，抗风险能力弱，对这些行业就业的支持政策可能带来更好的效果。建议给予第三产业企业在企业所得税、增值税方面更多的阶段性豁免优惠。财政资金直接给予重点行业和企业的扶持，助力其困难时期的现金流和维持其正常营业。

给予摩擦性失业人群适度的生活补贴和就业培训机会。一种是给低收入人群发放消费券，保障其基本生活。目前，对服务业发放消费券，近期已有南京、宁波等地区向居民发放消费券，涉及餐饮、通信、体育、图书、旅游等方向，既促进了居民消费和相关就业，也将税收留在当地。另外，对制造业提供消费补贴，对接通信设备、计算机、视听设备、纺织服装、鞋、家具、家电等受出口冲击较大的可选消费品，可部分对冲相关出口企业的外需压力。同时，对于农民工群体，应该鼓励就地就业和在农村地区开展扶贫工程就业。对于大专院校的毕业生，可以考虑延迟毕业和就业培训的方式，提高其就业技能，缓解暂时的压力。

（二）金融稳定：助力抗疫，鼓励货币进入实体经济

2020年上半年，面对突如其来的新冠肺炎疫情，央行稳健的货币政策更加灵活适度，持续优化信贷结构，完善结构化货币政策工具体系，创新直达实体经济的货币政策工具，引导金融机构加大对实体经济特别是对小微企业和民营企业的资金支持力度。总体来看，当前银行体系流动性合理充裕、货币信贷和社会融资规模适度增长，市场利率运行平稳。

1. 上半年货币供给合理充裕

具体而言，2020年上半年社会融资规模的增量累计为20.83万亿元，比上年同期多6.22万亿元。6月份当月社会融资规模的增量是3.43万亿元，比上年同期多8099亿元。6月末社会融资规模的存量是271.8万亿元，同比增长12.8%，增速比上年同期高1.6个百分点。

货币供应量的情况。6月末广义货币M2的余额是213.49万亿元，同比增长11.1%，增速与上月末持平，比上年同期高2.6个百分点（如图13所示）。狭义货币M1的余额是60.43万亿元，同比增长6.5%，增速比上月末低0.3个百分点，比上年同期高2.1个百分点。流通中货币M0的余额是7.95万亿元，同比增长9.5%，上半年净现金投放是2270亿元。

图 13　中国 M2 同比增速

资料来源：万得数据库、国家统计局。

2. 鼓励货币更多进入实体经济

货币政策要尽量与实体经济的需求相匹配。具体而言，即为广义货币增速和社会融资规模增速要与国内生产总值名义增速相匹配，以更好地满足经济运行保持在合理区间的需要。货币政策的立场仍然是稳健的，货币政策更加灵活适度，下半年央行可能更加强调适度这两个字。适度有两个含义，一个含义是总量上要适度，信贷的投放要和经济复苏的节奏相匹配。如果信贷投放节奏过快的话，快于经济复苏就会产生资金淤积，产生信贷资金无法有效使用的问题；另一个含义是价格上要适度，一方面要引导融资成本进一步降低，向实体经济让利，另一方面也要认识到利率适当下行并不是利率越低越好，利率过低也是不利的，利率如果严重低于与潜在经济增长率相适应的水平，就会产生套利的问题、产生资源错配的问题、产生资金可能流向不应该流向领域的问题，所以利率适当下行但也不能过低。下半年稳健的货币政策要更加灵活适度，保持总量的适度，综合利用各种货币政策工具，保持流动性合理充裕。另外，要抓住合理让利这个关键，保市场主体，特别是更多地关注贷款利率的变化，继续深化LPR改革，推动贷款实际利率持续下行和企业综合融资成本明显下降，为经济发展和稳企业保就业提供有利条件。

我们的研究发现，中国金融市场的估值波动与过剩流动性（社会融资规模增速－国内生产总值名义增速）高度一致。运用社会融资总量增速（TSF yoy）减去名义GDP增速作为过剩流动性的代理变量，我们发现其与A股估值变化之间的相关性达到70%。货币增速要与名义GDP增速总体匹配，过剩流动性将使得虚拟资产的估值扩张，形成资金脱实向虚的现象。

现阶段，应该鼓励资金更多进入实体经济，而不是在金融市场产生泡沫。按照我们的历史数据分析，当过剩流动性（社会融资规模增速－国内生产总值名义增速）超过1.8个百分点，中国股市和房地产市场价格将出现一定程度的扩张；当过剩流动性低于1.8个百分点，中国股市和房地产市场价格将表现较为温和（如图14所示）。

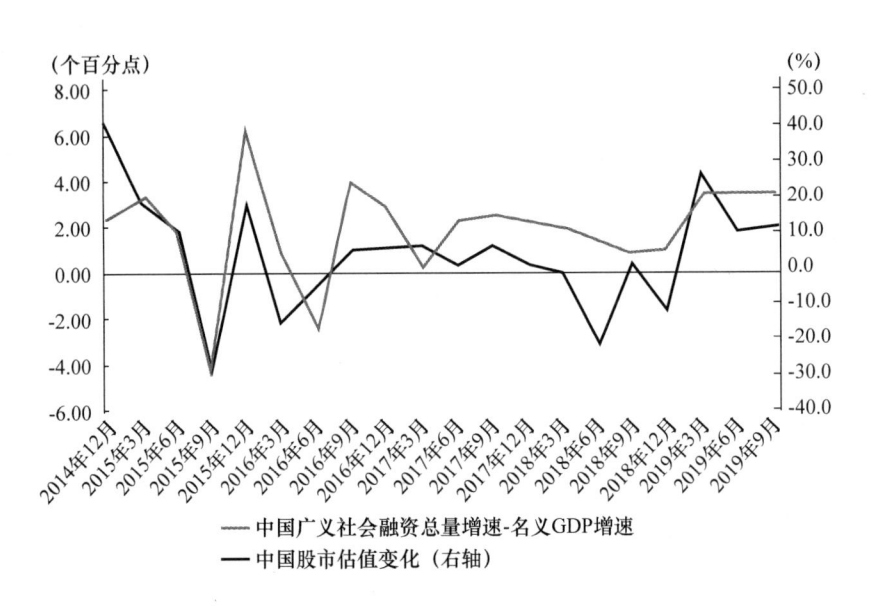

图14 中国广义社会融资规模增速与股市估值

资料来源：万得数据库、国家统计局。

（三）保外贸：要注意下半年的出口部门增长风险

自2020年4月以来，出口连续三个月正增长，进口6月份实现正增长，上半年中国进出口总额14.24万亿元人民币，下降3.2%。其中，出口7.71万亿元，下降3.0%；进口6.53万亿元，下降3.3%。上半年外贸运行主要呈现以下特点。

一是国际市场布局更加优化。对新兴市场进出口下降2.4%，降幅好于整体0.8个百分点。对东盟进出口增长5.6%，东盟成为中国第一大贸易伙伴。二是国内区域布局更加均衡。中西部地区出口增长1.6%，增速好于整体4.6个百分点。江西、四川、贵州等省份积极承接产业转移、深度开拓海外市场，出口实现两位数增长。三是民营企业活力持续增强。民营企业积极发挥灵活性和适应性强的优势，加快转型升级，出口增长3.2%，好于整体6.2个百分点。国有企业、外资企业出口分别下降9.8%、9.1%。四是出口商品结构持续升级。机电产品出口下降2.3%，降幅低于整体0.7个百分点。其中，集成电路、医疗器械、笔记本电脑、仪器仪表等高质量、高技术、高附加值产品实现快速增长，新能源汽车出口增速超过两倍。五是一般贸易展现较强韧性。国内产业持续转型升级，外贸企业加快品牌建设。一般贸易出口下降2%，降幅低于整体1个百分点。六是跨境电商等新业态快速发展。跨境电商企业发挥无接触、交易链条短、海外仓等独特优势，支持传统行业转型升级、触网上线，跨境电商零售出口增长28.7%。市场采购贸易政策环境持续改善，市场主体活力不断激发，出口增长33.4%。七是主要大宗商品进口量增价跌。中国疫情防控形势持续向好，经济运行稳步复苏，工业生产恢复较快，带动大宗产品进口需求增加。煤炭、原油、天然气、铜矿砂等进口量分别增长12.7%、9.9%、3.3%、3.0%。受国际市场需求疲软影响，大宗商品价格普遍下跌，以上产品进口价格分别下降

6.3%、27.8%、15.6%、3.5%。

当前，疫情仍在全球流行，部分国家和地区出现反弹，新增确诊病例屡创新高，世界经济严重衰退，国际需求大幅萎缩，贸易壁垒明显增加，中国外贸发展面临的形势依然严峻复杂。从近期调研情况来看，外贸企业面临的订单不足、物流不畅、产业链供应链不稳等困难仍然十分突出。

按照我们领先六个月的中国出口增长模型，由于外部需求的式微和海外新冠肺炎疫情形势依然严峻，2020年下半年外贸形势不容乐观（如图15所示）。

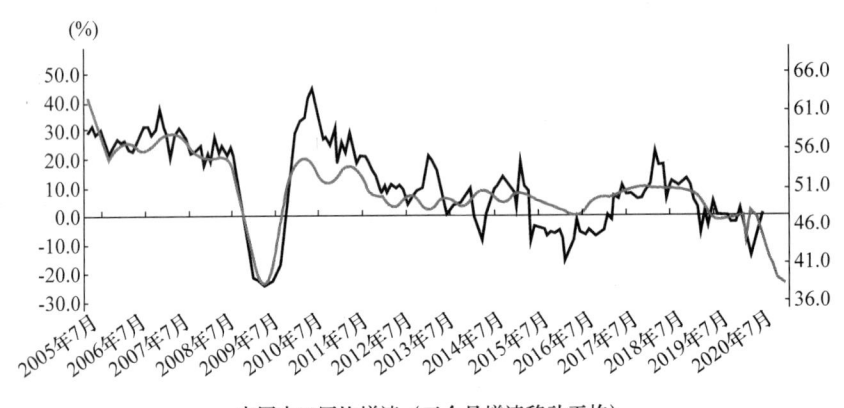

图15 中国出口增速与领先指标

资料来源：万得数据库、国家统计局。

（四）投资内需支撑经济：基础设施投资显著改善，制造业投资结构优化

2020年上半年，全国固定资产投资同比下降

3.1%，降幅比1—5月份、1—4月份、一季度和1—2月份分别收窄3.2个、7.2个、13.0个和21.4个百分点，呈逐月收窄态势。分地区看，上半年，东部地区投资同比下降0.7%，降幅比1—5月份收窄3.3个百分点；中部地区投资下降11.9%，降幅收窄3.2个百分点；西部和东北地区投资分别增长1.1%和0.4%，1—5月份则分别下降0.9%和2.5%。有22个省（区、市）实现正增长，比1—5月份增加8个百分点。分产业看，上半年，第一产业投资同比增长3.8%，增速比1—5月份增加3.8个百分点；第二产业投资下降8.3%，降幅收窄3.5个百分点；第三产业投资下降1.0%，降幅收窄2.9个百分点。

制造业投资同比下降11.7%，降幅比1—5月份收窄3.1个百分点。其中，装备制造业、消费品制造业投资降幅分别收窄2.5个和4.4个百分点。上半年，高技术产业投资同比增长6.3%，增速比1—5月份增加4.4个百分点。高技术制造业投资同比增长5.8%，增速比1—5月份增加3.1个百分点。其中，医药制造业投资增长13.6%，计算机及办公设备制造业投资增长8.2%，医疗仪器设备及仪器仪表制造业投资增长5.0%，电子及通信设备制造业投资增长4.7%。高技术服务业投资同比增长7.2%，增速比1—5月份增加6.7个百分点。其中，电子商务服务业投资增长

32.0%，科技成果转化服务业投资增长21.8%，信息服务业投资增长9.4%，专业技术服务业投资增长4.7%，研发设计服务业投资增长4.5%。

1. 基础设施投资企稳回升，抵御经济下行风险

2020年上半年，基础设施投资同比下降2.7%，降幅比1—5月份收窄3.6个百分点。部分基础设施领域投资实现正增长，其中，铁路运输业投资增长2.6%，道路运输业投资增长0.8%，信息传输业投资增长9.2%，水利管理业投资增长0.4%。

中国的基建投资并不是低效投资，具有较强的正外部性，对中国经济高质量发展做出了重要贡献。按照世界银行的研究报告，中国2009年以来的基建投资回报率大约为8.0%，即为考虑基建项目直接经济效应和外溢的正外部性的整体回报率。基建投资项目本身的回报率可能较低，有的项目可能低于融资成本，但是如果考虑其正的外部性，中国基建投资的回报率具有较高水平。

2. 房地产投资显出韧性，制造业投资仍需提升

2020年固定资产投资稳定是托底的基建和韧性较强的房地产带动的。房地产开发投资由降转升，上半年同比增长1.9%，而1—5月份下降0.3%。其中，住宅投资增长2.6%，增加2.6个百分点。房地产开发企业到位资金下降1.9%，降幅收窄4.2个百分点。房地产开发企业房屋新开工面积降幅收窄5.2个百分点。

按照我们的房地产销售领先指标，预计2020年下半年房地产销售和房地产投资增速仍然具有韧性，其增速的稳定对中国下半年经济增长具有一定的促进作用。2020年上半年，新开工项目计划总投资增速进一步加快，同比增长13.5%，增速比1—5月份增加5.6个百分点，为近年来新高；投资到位资金也由下降转为持平。此外，与投资高度相关的工程机械产品产销两旺，上半年挖掘、铲土运输机械和混凝土机械产量同比高速增长，挖掘机销量持续走高。投资先行指标的明显改善，预示着投资将有望继续保持回升的势头。

（五）物价较为平稳：注意粮食价格和猪肉价格的影响

2020年上半年CPI涨幅呈回落态势。上半年，CPI比上年同期上涨3.8%。分月看，CPI涨幅呈现前高后低走势。受新冠肺炎疫情和春节因素影响，1月份和2月份CPI上涨较多，环比分别上涨1.4%和0.8%，同比分别上涨5.4%和5.2%。随着交通物流逐渐恢复，各地加大保供力度，市场供需状况好转，从3月份开始，CPI环比连续4个月下降，同比涨幅也由3月份的

4.3%回落到6月份的2.5%，重回"2时代"。我们预计，在不发生粮食危机和国内猪肉价格稳定的背景下，2020年下半年中国通胀的压力并不大。

食品价格尤其是猪肉价格涨幅较大。2020年上半年，食品价格上涨16.2%，涨幅比上年同期增加11.5个百分点，影响CPI上涨约3.27个百分点，占CPI总涨幅的八成多。其中，猪肉价格上涨104.3%，涨幅比上年同期增加96.6个百分点，影响CPI上涨约2.52个百分点，占CPI总涨幅的六成多。2020年初，在新冠肺炎疫情、春节、非洲猪瘟疫情与"猪周期"等因素共同作用下，猪肉价格快速上涨，带动食品价格同比涨幅达到阶段性高点（21.9%）；中央出台保供稳价政策后，各地区各部门迅速贯彻落实，生猪产能逐步恢复，产销秩序逐渐正常（如图16所示）。

前瞻地看，我们预计2020年下半年的通胀压力不大，可能呈现逐渐下降的趋势。主要原因为猪肉等食品部分价格较为平稳。农业农村部和我们的猪肉价格领先指标显示，下半年猪肉价格的上行压力不大。当然，南方地区的洪涝灾害可能对粮食生产造成一定的压力，海外粮食主产区新冠肺炎疫情的形势也不容乐观，我们建议密切关注粮食价格和国内猪肉价格的波动。

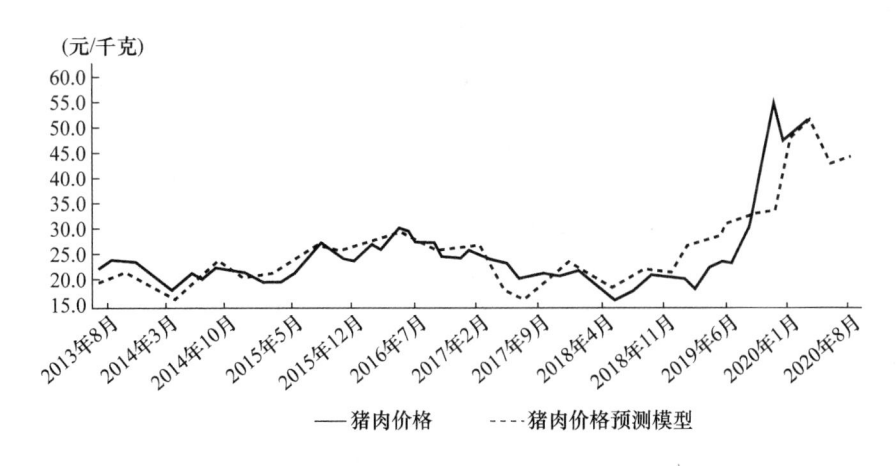

图 16　猪肉价格与领先指标

资料来源：万得数据库、国家统计局。

三　积极财政政策效果显著，期待更大力度

2020年上半年，积极的财政政策加力提效，中央和地方财政部门切实采取措施，确保支持抗疫和减税降费落地生根。上半年财政收入增速呈现一季度大幅下降（3月触底）、二季度持续回升态势，6月收入形势已基本回归常态化。从支出结构来看，地方基建类支出增速缓慢，6月项目施工可能受到气候因素影响，预计下半年持续发力。社保就业和卫生健康支出对经济的拉动作用边际减弱，反映疫情冲击趋弱，经济回归常态化。总体来看，2020年上半年一般公共预算赤字20235亿元，政府性基金赤字13733亿元，合计赤

字 33968 亿元，较上年同期 21061 亿元增长 61.3%。年内剩余赤字空间 78290 亿元，接近上年同期实际赤字 34280 亿元的两倍。我们预计下半年财政政策力度进一步加大。随着下半年经济逐步复苏，财政收入增速回升，财政支出将实现更快增长。减税效应显著，期待更多更大力度的减税降费政策、激励实体经济。

（一）财政收入增速放缓，应对疫情效果显现

2020 年上半年全国一般公共预算收入同比下降 10.8%。其中，6 月份，推进复工复产和助企纾困成效继续显现，财政收入同比增长 3.2%，增幅由负转正，为年内首次月度正增长。经济企稳回升，工业增加值连续 3 个月增长，带动增值税降幅由上月的 5.5% 收窄至 2.7%；进口在 4 月、5 月两位数下降后，6 月份转为增长 6.2%，带动进口环节税收由负转正，增长 7.5%；一般在 5 月末汇算清缴的上年企业所得税，按有关规定延至 6 月初入库，体现为 6 月份收入。剔除企业所得税汇算清缴不可比因素，税收收入小幅增长 1.0%。

2020 年上半年财政收入的特点，从总体看，受多重因素影响全国财政收入下降较多。一是疫情冲击导致税基减少，以及为支持疫情防控保供、企业纾困和复工复产采取减免税、缓税等措施，拉低收入增幅 10 个百分

点。二是巩固减税降费成效,前几个月增值税翘尾减收拉低收入增幅4个百分点。三是上年末延至2020年初缴纳入库的税收同比减少,以及上年同期中央特定国有金融机构和央企上缴利润等使得收入基数较高,相应拉低2020年全国财政收入增幅。从全国收入运行走势看,上半年各月全国财政收入增幅分别为-3.9%、-21.4%、-26.1%、-15.0%、-10.0%、3.2%,呈现一季度收入大幅下降后二季度持续回升向好态势。按照财政部的数据测算,单独测算疫情冲击以及为应对疫情采取减免税等措施的影响,分别拉低1—6月各月收入增幅约1个、13个、25个、15个、10个、5个百分点。

从税收收入看,税收降幅收窄。1—6月,国内增值税同比下降19.1%,其中,5、6月份国内增值税降幅分别为5.5%、2.7%,降幅比1—4月明显收窄,主要受复工复产持续推进和增值税翘尾减收因素消退影响。国内消费税同比下降9.0%,其中第二季度消费税收入同比增长2.8%,已基本恢复正常水平。进口货物增值税消费税同比下降16.2%,其中第二季度下降7.4%。企业所得税同比下降7.2%,其中第二季度下降3.7%,降幅收窄主要受工业企业利润增速回升影响。

从非税收入看,地方多渠道盘活国有资源资产带动非税收入增长,涉企收费继续下降。1—6月,全国非税收入同比下降8.0%。中央非税收入711亿元，同比下降73.3%，主要是上年同期特定国有金融机构和央企上缴利润基数较高。地方非税收入13475亿元，同比增加713亿元，增长5.6%，主要是一些地区为缓解收支平衡压力，多渠道盘活国有资源资产，国有资源（资产）有偿使用收入和国有资本经营收入合计同比增加1013亿元。企业负担持续减轻，涉企收费继续下降，全国教育费附加等专项收入同比下降4.0%，行政事业性收费收入同比下降9.7%。

1—6月累计，主要收入项目情况如下。

（1）国内增值税28770亿元，同比下降19.1%。

（2）国内消费税7711亿元，同比下降9.0%。

（3）企业所得税23376亿元，同比下降7.2%。

（4）个人所得税5782亿元，同比增长2.5%。

（5）进口货物增值税、消费税6944亿元，同比下降16.2%。关税1192亿元，同比下降15.2%。

（6）出口退税8152亿元，同比下降16.6%。

（7）城市维护建设税2229亿元，同比下降14.5%。

（8）车辆购置税1575亿元，同比下降15.4%。

（9）印花税1511亿元，同比增长8.8%。其中，证券交易印花税892亿元，同比增长16.0%。

（10）资源税854亿元，同比下降11.0%。

（11）土地和房地产相关税收中，契税3108亿元，同比下降2.4%；土地增值税3254亿元，同比下降8.7%；房产税1398亿元，同比下降5.3%；耕地占用税757亿元，同比下降8.0%；城镇土地使用税1050亿元，同比下降7.3%。

（12）环境保护税101亿元，同比下降10.9%。

（13）车船税、船舶吨税、烟叶税等其他各项税收收入合计533亿元，同比增长3.1%。

面对突如其来的疫情，为应对经济下行压力、帮助企业渡过难关，财政部会同有关部门及时出台了一系列阶段性、有针对性的减税降费政策措施。主要包括：加大对疫情防控重点保障物资生产供应的税收支持力度，对受疫情影响较大行业企业给予税收减免，加大个体工商户和小微企业税收优惠力度，出台扩大汽车消费的税收政策，完善出口退税等稳外贸税收支持政策，阶段性减免社保费、医保费用，减免部分行政事业性收费和政府性基金等。2020年《政府工作报告》明确指出，对前期出台的减税降费政策，执行期限全部延长到2020年年底，小微企业、个体工商户所得税缴纳一律延缓到2021年。财政部认真落实《政府工作报告》要求，会同有关部门及时发文明确延长相关政策执行期限。实施上述政策，预计全年新增减税降费规模将超过2.5万亿元。

财税相关部门进一步抓好已出台减税降费政策的落实工作,坚决落实落细减税降费政策;依法依规组织收入、严禁违规征收税费;加强涉企收费监管力度、坚决制止各种乱收费;加强地方预算收支管理、支持落实减税降费政策;加强检查评估、保障落地见效等方面,提出具体要求、切实抓好相关工作。从目前各方面反映的情况看,减税降费措施落实有力,政策受益面广,实施效果良好,对有效对冲疫情影响、纾解企业困难、支持复工复产和经济平稳运行发挥了重要作用。

(二)财政支出稳定,发债工作成绩显著

1—6月累计,全国一般公共预算支出116411亿元,同比下降5.8%。其中,中央一般公共预算本级支出16344亿元,同比下降3.2%;地方一般公共预算支出100067亿元,同比下降6.2%。主要支出项目情况如下:(1)教育支出16739亿元,同比下降7.6%;(2)科学技术支出3754亿元,同比下降12.2%;(3)文化旅游体育与传媒支出1526亿元,同比下降4.8%;(4)社会保障和就业支出17952亿元,同比增长1.7%;(5)卫生健康支出10070亿元,同比下降0.2%;(6)节能环保支出2661亿元,同比下降15.4%;(7)城乡社区支出9963亿元,同比下降30.0%;(8)农林水电支出

10194亿元，同比增长7.9%；（9）交通运输支出5865亿元，同比下降13.3%；（10）债务付息支出4505亿元，同比增长9.8%。

2020年安排新增专项债券3.75万亿元，比上年增加74.4%。经国务院批准，前期分三批提前下达了新增专项债券额度2.29万亿元；近期刚刚下达第四批额度1.26万亿元。2020年，新增专项债券发行使用情况良好。

从发行情况看，主要有以下几个特点。一是发行进度快。截至7月14日，全国各地发行新增专项债券2.24万亿元，占提前下达额度的98.0%，规模同比增加58%。二是发行利率前低后高。前3个月平均发行利率逐步走低，4月以来平均发行利率明显回升，利率差约50个基点。截至7月14日，平均发行利率3.36%。三是长期债券占比九成。截至7月14日，平均发行期限15.6年。其中，10年期及以上长期债券发行2.02万亿元，占90%，较上年提高56个百分点，专项债券期限与其项目建设和运营期限相应匹配。

从使用情况看，主要有以下几点。一是突出支持重点。已发行的2.24万亿元新增专项债券，全部用于国务院常务会议确定的重大基础设施和民生服务领域。其中，用于交通基础设施、市政和产业园区，以及教育、医疗、养老等民生服务领域1.86万亿元，占

83.0%。二是带动作用明显。各地约有2200亿元专项债券用作铁路、轨道交通、农林水利、生态环保等领域符合条件的重大项目资本金，有利于带动扩大有效投资。三是使用结构优化。各地积极安排专项债券资金支持"两新一重"、公共卫生体系建设、城镇老旧小区改造等重点领域，共计安排9000亿元以上。四是支出进度加快。截至7月14日，新增专项债券资金已支出1.9万亿元，占发行额的85%，其中有14个地区支出进度在90%以上。

（三）政府性基金预算收入增长平稳

2020年1—6月累计，全国政府性基金预算收入31479亿元，同比下降1.0%。分中央和地方看，中央政府性基金预算收入1591亿元，同比下降20.0%；地方政府性基金预算本级收入29888亿元，同比增长0.3%，其中国有土地使用权出让收入28129亿元，同比增长5.2%。

2020年1—6月累计，全国政府性基金预算支出45212亿元，同比增长21.7%。分中央和地方看，中央政府性基金预算本级支出630亿元，同比下降27.9%；地方政府性基金预算相关支出44582亿元，同比增长22.9%，其中国有土地使用权出让收入相关支出28820亿元，同比下降10.7%。

四　化危为机，加大对科技的投入

面对海外依然严峻的新冠肺炎疫情形势和错综复杂的国内外环境，我们建议化危为机，加大对科技的投入。从全球经济史发展来看，国与国之间的差距并不一定全部体现在GDP的差距上：每单位的GDP并不一样，高科技领域的增长是国家硬实力。从压力和动力两个方面来简要概述我国目前的形势和前景。目前中国面临的压力方面：今后欧美等国可能会对我国的科技进一步制裁、干预和阻碍。如果在劳动力结构系统性变化之前，中国的科技实力还远远落后于欧美，那么中国有可能陷入"中等收入陷阱"，以及面临潜在的金融稳定风险。科技进步最快的时候往往来自最为苦难的时代——战争、竞争。我们所具有的动力方面：举国体制和个人激励。举国体制，主要是因为科技创新具有一定的准公共品的性质，研发和投入的风险较高，必须在关键领域有国家的支持和政策保障。个人激励，主要是提高科研工作者待遇，鼓励具有一定实力的科技型公司在资本市场上市融资，给予科技工作者较大的物质激励。

具体而言，5G产业链是未来几年较为确定的行业性政策刺激方向，网络的建设将推动运营商资本开支提升，带来通信板块行业性投资机会。5G 应用场景、国产软件的自主可控等领域在未来一段时间内将成为中国科技追赶的主力战场之一。除了 5G 手机的换机需求，以无线耳机为代表的智能配件，打开了物联网应用的浪潮，而 5G 网络的成熟，将正式开启从个人智能生态，到智能家居、智能汽车、智慧交通、智慧城市、工控的万物互联的浪潮。万物互联的启动，开启了相应物联网微型模组、高精度结构件等领域的投资机会。在经济变局之下，集成电路领域将成为重点发展的部分。中国在全球 5G 建设的过程中将更为积极，即使没有新冠肺炎疫情，中国加大 5G 基础设施和应用设施的投入也将是坚决和长期的。按照我们的测算，中国在 5G 基础设施和应用方面的投资在未来 2—3 年将累计超过万亿元。

中国医疗体制和医疗体系建设，也将是着眼长远的重点领域。生物医药行业与经济周期的相关性不强，符合我国居民老龄化和消费升级趋势，具有结构性机会。新冠肺炎疫情对于中国的一大经验教训就是全国医疗应急体系和战略医疗物资储备体系的建设。我们建议从财税、金融和体制等方面，抓住危险带来的压力机遇，化危为机，加大对科技的投入。

高端制造业是一国工业部门的核心和硬实力。中国过去依靠低廉的劳动力成本优势、制度和基建优势形成的中低端制造业体系，为全球持续贡献物美价廉的消费品和工业品。这一模式在人口、制度、环保等成本上升之后，比较优势逐渐式微。今后一个阶段，中国高端制造业，比如半导体晶圆制造、激光、机器人、工程机械等行业需要得到重点扶持发展。

（一）经济金融问题的重点在提高实体经济投资回报率

实体经济投资回报率提升，对于中国避免陷入"中等收入陷阱"、实现伟大复兴具有关键的作用。目前很多经济结构和金融稳定的问题，主要是实体经济投资回报率过低带来的。全球主要经济体的实体经济投资回报率持续低迷，美国实施零利率政策，欧洲和日本等经济体实施负利率政策，都是因为本地区的实体经济投资回报率过低。货币政策宽松，实体经济没有足够的吸引力，还会使更多的流动性资金不愿意进入实体经济，从而进入金融市场，造成资产价格泡沫。资产价格长期泡沫，不利于存量资产较少的低收入阶层，造成社会的贫富差距逐渐拉大，全球民粹主义抬升，造成局部地区的政治不稳定和国与国之间的竞争。

实体经济投资回报率较高的经济体，宽松的货币政策有利于促进固定资产投资进行扩大再生产的意愿，即投资回报率高于资金成本的时候，宽松的货币政策能够有效地促进经济增长的复苏。因此，经济体是否出现资金空转，主要取决于该经济体的实体经济投资回报率水平。

　　具体而言，中国经济在 2014 年附近出现了实体经济投资回报率降低至资金成本附近的局面。我们认为 2014 年是中国经济和金融市场发展过程中有着重要意义的一年。从资本市场与实体经济的关系而言，我们发现上证指数与实体经济基本面之间的关系，在 2014 年以前为正相关（+57%），在 2014 年以后为正相关减弱，有时甚至是负相关。从热钱流动（世界银行残差法，剔除虚假贸易部分）和人民币汇率预期的角度来看，2014 年以前热钱更多地表现为流入中国，2014 年以后表现为持续流出中国。从货币政策的有效性来看，我们发现 2014 年以后，单位货币增量拉动 GDP 的效力在快速下降，也就是说，刺激经济所需要的货币宽松程度在扩大。种种微观形态的表现综合起来，我们发现中国实体经济投资回报率从 2008 年以来持续下降，且在 2014 年附近降低至金融市场无风险融资成本以下，这就意味着过剩的流动性资金不愿意进入实体经济，更愿意在各类资产之间空转，形成局部泡沫，威胁经济和金融稳定。由于实体经济投资回报率低于借贷成本，如果没有新一轮的供给侧改革，那么实体经济的杠杆率水平将越来越高，金融市场的泡沫化将进一步加剧。我们从实证数据发现，经过 2016—2018

年的实体经济供给侧改革,中国经济实体经济投资回报率水平开始抬升,目前已经略高于金融市场融资成本。虽然实体经济投资回报率暂时脱离了危险区间,我们认为仍需坚持供给侧改革,提升投资回报率。实体经济投资回报率降低至金融市场无风险回报率附近,就是部分金融风险的根源。

短期而言,低迷的实体经济投资回报率使过剩的资金不愿意流入实体部门,倾向于在各类金融市场中流动。如果这部分过剩流动性开始增多,那么权益资产的估值溢价将会随之增强。按照我们的测算,过剩流动性与中国A股市场的估值变化呈现高度的正相关(相关系数达86%),即过剩流动性过多,中国权益市场的估值可能持续攀升;过剩流动性收缩,中国权益市场的估值可能持续下降(如图17所示)。

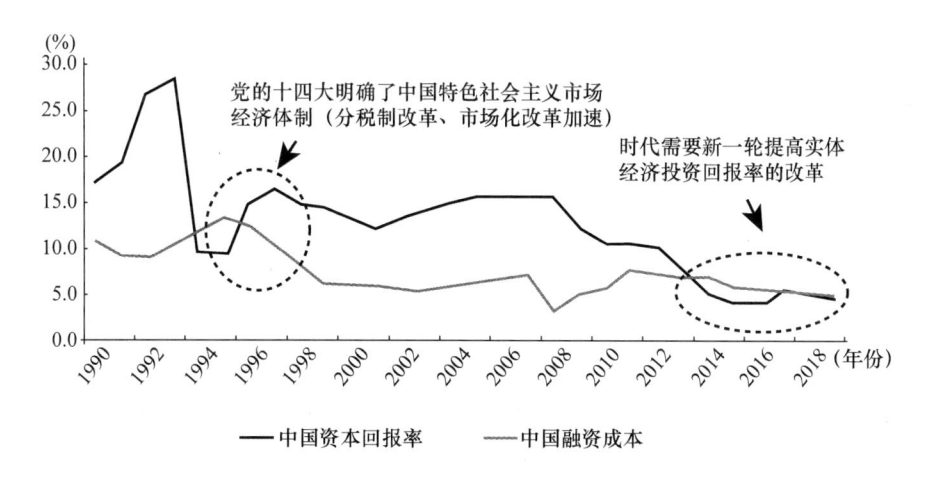

图17 中国实体经济投资回报率与融资成本

资料来源:国家统计局,笔者估算。

实体经济投资回报率是连接货币政策和通胀之间的纽带。实体经济的投资回报率偏低，即便货币当局实施宽松的货币政策，也很难避免部分流动性不愿意进入实体经济进行再投资和再生产，而进入资产领域等虚拟经济的情况，造成资产价格上涨，而不是普遍意义上的通货膨胀。当经济体的实体经济投资回报率较高，货币当局释放的流动性更多地流入实体经济，并进入再生产和再循环的经济活动中，那么通胀水平可能被真正地带动起来。

前瞻地看，目前全球主要经济体的实体经济投资回报率处于偏低水平，同时各国的货币当局又往市场注入了巨量的流动性，未来半年到一年会不会造成较为严重的通货膨胀，这主要取决于宽松的货币政策有多少到达了实体经济，并真正进入了实体经济的再生产和再循环过程。按照目前全球主要经济体的投资回报率水平，我们认为资金主动进入实体经济的占比并不会很大，大部分行业的回报率依然不具有吸引力，资金率先进入资产领域的概率更大一些，全球政策宽松带来的普遍通胀压力并不会失控。

加大对科技的投资，是实现实体经济投资回报率提升的关键。经济增长中技术进步主要来源于科技进步和生产方式的改善。其中，科技进步对技术进步的影响较大。按照前文的分析，中国要想在经济潜在增速下降的阶段，面对复杂的国际形势，避免"中等收入陷阱"、通胀压力和资产泡沫的风险，核心的措施就是持续加快科技进步的速度，发挥科技对经济的促进作用。科技带来的力量，可以使生产函数摆脱要素投入边际效应递减的规律，也能带来持续的规模经济。

与此同时，科技进步具有一定的准公共品的特点，具有较强的正外部性，且私人投资科技研发失败的概率更大。回顾日本、韩国在发展高科技阶段的历史，我们发现，20世纪70—80年代的日本和90年代的韩国，不约而同地有国家资本的介入，避免科技投入这一准公共品的供给短缺。日本第一次石油危机时期，经济快速下行，通产省开启"列岛改造计划"，提振短期内需。虽然造成了局部投资过剩，但重要的是，此后日本通产省逐步尝试摆脱对传统能源的过度依赖，鼓励能源结构调整并重视中小企业振兴。此外，注重传统产业结构升级与新兴产业发展并行推进，以激发新的内生需求。60年代后，日本从钢铁、船舶制造到一般机械设备的生产，再到汽车、家电等产业链的加工组装与制造，最终到计算机、半导体等科技类设备产品的研发制造，可以说，日本产业发展的大趋势体现在诸多日本企业的业务转型过程中。80年代日本凭借举国体制在半导体通用技术上取得突破，并在DRAM等产品上达到了世界领先的质量及成本优势；

90年代后，日本半导体走向衰落，我们认为主要是由于错过了个人电脑与智能手机两次大的行业趋势。日本半导体行业的兴衰史告诉我们，半导体进口替代需要加强产业链之间的有机合作，同时需要国家意志在行业发展过程中给予足够的研发支持和金融支持，抓住商业模式、下游应用的新兴趋势，实现持续增长。

（二）通过财税和金融政策支持科技投入

在海外新冠肺炎疫情依然严峻、海外关系复杂的背景下，实施积极的财政政策和灵活适度的货币政策，短期内可以起到托底宏观经济的作用。如果在短期政策目标的基础上，加上对中国经济中长期持续发展的考虑，就将有助于化危为机，变短期为长期，变刺激为发展，变危险为机遇。

财政政策应该发挥总量和结构的优势，持续加大对科技的投入和支持。从治标的角度来看，从财政政策的角度，短期调节经济增长总量的措施主要为：（1）提高预算内财政赤字率和适度提升可监控的地方政府专项债规模，给地方政府经济行为注入适度的活力；（2）适度增发一定规模的特别国债，给予特定扶持行业中长期的低息资金支持；（3）适度通过发债减税降费的方式，给予保障就业的中小企业一定程度上的支持。我们认为，着眼长远，利于经济发展的财政体制改革应该是以可持续、促激励、保公平为新的目标。我们建议：第一，在预算内财政支出中，适度提高对基础科学、高端制造业的财政支持，更大力度地支持和提高科技进步的各种基金和配套措施；第二，对于初创的科技企业，给予更大的税收优惠，提供足够的科技进步奖励和便利；第三，对于科研人员和科技成果的初期收益，给予更大力度的减税政策；第四，对高等教育中涉及基础科学的科目，财政在教育资金的安排上要更加明显地予以侧重支持。

货币政策虽然传统意义上被认为是基于总量的考虑，但近年来其总量和结构的措施较多，对于支持科技企业的效果也非常明显。短期调节经济增长总量的货币政策主要有如下两点：（1）短期内货币政策宽松的必要性依然存在，为了给中长期科技进步和社会发展创造良好的环境和稳定的形势，2020年中国货币政策的主基调可能还是稳健，保持适度的宽松；（2）央行通过直接向实体经济注入流动性的方式来对其进行结构性的扶持。本次疫情期间央行给予出现短期困难的实体经济企业以直接的资金补充，起到了较好的效果，也保障了短期经济，特别是关键领域企业的正常运转。央行基础货币投放机制的改善应该具有中国特色，并不一定要按照经济学教科书的窠臼规制，应该审时度势，具有一定的前瞻性和创新性。我们认为，货币理论的发展来源于实践，货币政策在促进我国科技进步方面可以发挥更大更好的作用。我们建议：第一，增加货币资金的专项安排，更大力度地支持对科技进步的研究和投资；第二，成立促进一级市场和二级市场科技企业融资的专项基金，由央行直接提供成本较为便宜的资金和较长的信贷期限安排，降低科技型企业融资困难的程度；第三，对科技企业的海外并购提供足够的海外金融支持，对于核心技术领域予以侧重支持。

从中长期治本的角度来看，只有实体经济投资回报率上升，才是避免资金"脱实向虚"的根本道路。发挥供给侧结构性改革的作用，要充分发挥"强制性制度变迁"的后发优势，积极调动"诱致性制度变迁"的主观能动性。需要调动广大地方的积极性，改变以往地方追求经济增长的"锦标赛"模式，形成促进科技进步长期健康发展，经济结构趋于高质量的更高追求。加强企业和政府机构的预算硬约束，建立现代化经济体系，改善国家治理体系，形成崇尚科技创新、科技创新有激励相容、落后重复受到市场压力的经济发展环境。

具体而言，金融市场的改革对科技进步具有重要意义。比如科创板设立、注册制改革、新股延续常态化发行，以及新三板增量改革政策出台预期增强、实体经济企业的融资渠道更加多元、融资获得感显著增强。金融市场对科技型企业融资功能的带动作用,将在未来一个阶段加速中国科技力量的强大。越来越多的企业和科研人员将得到足够的激励。

我们认为中国未来的科技创新、医疗健康、日用消费等结构性机会较为显著。在激烈的产业升级和消费升级的大背景下,历史的趋势无法阻挡,中国的科技进步和产业升级也是大势所趋。

(执笔人:闫坤、刘陈杰)

中国宏观经济稳健复苏与财政政策优化思路

(2020年第三季度)

一 全球经济复苏之路不平衡、充满波折

2020年第三季度，随着疫情得到有效控制，加之各国政府出台的经济刺激政策，全球经济缓慢复苏。然而，这一复苏进程呈现地区之间的不平衡态势，并且随着疫情秋冬季可能二次暴发而面临波折甚至倒退。

(一) 全球经济缓慢复苏

新冠肺炎疫情使全球经济遭受重创，其影响被国际货币基金组织（IMF）定义为自20世纪30年代经济大萧条以来最严重的一次危机。2020年上半年，全球经济出现同步衰退，有效需求不足、生产率增长停

滞、投资贸易低迷等问题突出。

2020年第三季度,随着全球封锁措施放松,各国政府和央行以前所未有的规模迅速部署财政政策和货币政策支持,全球经济正在从上半年的衰退深渊中恢复。IMF在10月份发布的最新一期《世界经济展望》中,预计2020年全球增长率为-4.4%,相较6月份时的预测值上调0.8个百分点。世贸组织预计,三季度全球贸易增速约为2.5%。

然而,全球经济复苏是缓慢的,不存在"V"形反弹。尽管三季度全球经济总体上呈现复苏态势,但危机远未结束。IMF在10月份的预测中,仍然认为全球经济处于深度衰退(如表1所示)。联合国贸易和发展会议9月22日发布的《2020年贸易和发展报告》提出,在新冠肺炎疫情仍未得到完全控制的背景下,世界经济面临深度衰退,实现"V"形复苏的概率不大。报告预计2020年全球贸易规模将缩水20%,外国直接投资下降40%,全球经济将收缩4.3%,比危机前预测值下跌了大约6.8个百分点。据此计算,到2020年年底,全球产出将减少超过6万亿美元。

表1 全球主要经济体增速预测 (单位:%)

年份	2019	2020	2021
全球	2.8	-4.4	5.2

续表

年份	2019	2020	2021
发达经济体	1.7	-5.8	3.9
美国	2.2	-4.3	3.1
欧元区	1.3	-8.3	5.2
德国	0.6	-6.0	4.2
法国	1.5	-9.8	6.0
意大利	0.3	-10.6	5.2
西班牙	2.0	-12.8	7.2
英国	1.5	-9.8	5.9
加拿大	1.7	-7.1	5.2
日本	0.7	-5.3	2.3
新兴市场和发展中经济体	3.7	-3.3	6.0
中国	6.1	1.9	8.2
印度	4.2	-10.3	8.8
东盟五国	4.9	-3.4	6.2
俄罗斯	1.3	-4.1	2.8
巴西	1.1	-5.8	2.8
墨西哥	-0.3	-9.0	3.5
南非	0.2	-8.0	3.0
中东和中亚	1.4	-4.1	3.0
撒哈拉以南非洲	3.2	-3.0	3.1

资料来源：IMF《世界经济展望》，2020年10月。

（二）各地区经济复苏不平衡

分地区来看，仅有少数地区较快复苏，大部分地区的经济发展形势依然严峻，也即地区之间很不平衡，主要表现在四个方面。第一，中国与世界的不平衡，中国领涨全球。中国将是世界主要经济体中唯一保持正增长的国家，预计2020年增长为1.9%，2021年将达到8.2%。而全球其他主要经济体都将在2020年负增长。

第二，发达经济体与新兴市场和发展中经济体的不平衡，二者面对不同的收入前景。IMF预测，如图1所示，新兴市场和发展中经济体（不包括中国）2020年经济增长率将与发达经济体相当。到2021年，新兴市场和发展中经济体（不包括中国）的人均收入增长将低于发达经济体。长期而言，发达经济体受到的打击将相当于国民收入的3.5%，而新兴经济体的这个数字为5.5%。以"金砖五国"为代表的新兴国家群体性崛起的势头，受到一定冲击。

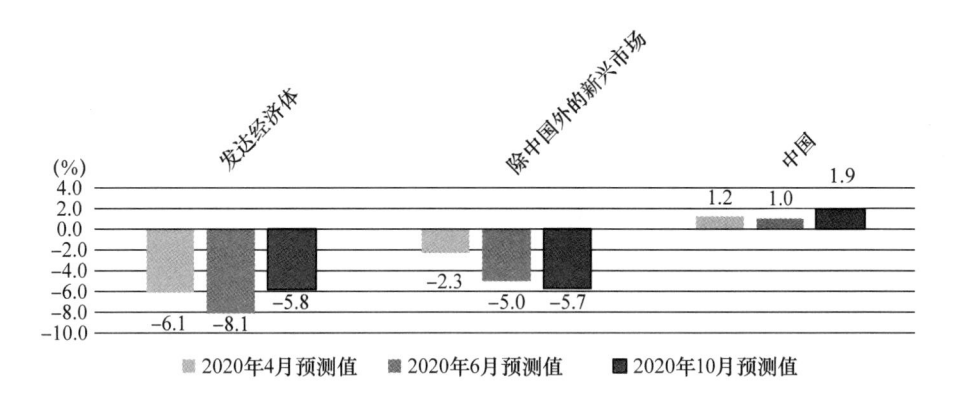

图1 IMF对全球主要经济体2020年的经济增速预测

资料来源：IMF《世界经济展望》，2020年10月。

第三，落后国家和低收入群体遭受更大的工作生活压力，全球贫困人口将增多。全球就业率仍大大低于新冠肺炎疫情暴发前的水平，劳动力市场两极化日趋严重，低收入劳动者、年轻人和妇女受到更为严重的冲击。持续的产出损失意味着与疫情暴发之前所预期的相比，生活水平将遭受重大挫折。不仅是极端贫困的发生率将出现逾 20 年来首次上升，而且不平等程度还将加剧。由于落后国家的社会保障水平较低，那里的贫困人口的处境进一步恶化，预计近 9000 万人2020 年将陷入极端贫困之中。

第四，各国产业结构差异使其遭受疫情冲击程度不同、复苏速度也不同。从一国的经济和产业结构来看，相比制造业带动的经济体，更多依赖人员接触密集的服务业的国家以及石油出口国将经历更为疲软的复苏。

（三）经济复苏道阻且长，存在倒退可能

全球经济继 2020 年 4 月 "大封锁" 期间跌入衰退深渊之后，目前正在恢复。但随着疫情继续扩散，许多国家放慢了经济重启进程，一些国家再度实施了部分封锁措施以保护易感人群。中国的经济复苏较快，但全球经济活动恢复到疫情前水平依然道阻且长，而且极易出现倒退。

1. 美国经济进入弱复苏阶段

2020 年第三季度美国各州经济逐渐重启，经济和生产活动部分恢复正常，制造业和服务业出现明显改善。制造业 PMI 在 4 月见底后回升，7—9 月份制造业

PMI分别为54.2%、56.0%和55.4%,其中新订单指数增长强劲,7—9月分别为61.5%、67.6%和60.2%。非制造业PMI也连续三个月扩张,但扩张速度有所放缓。7—8月非制造业PMI分别为58.1%和56.9%,其中新增订单指数回落明显,8月非制造业新增订单指数环比大幅下降10.9个百分点,为56.8%。

美国劳动力市场复苏放缓。2020年4月美国非农就业减少2053.7万人,失业率飙升至14.7%,创下大萧条以来最高纪录。随着经济重启,失业率逐步下降,9月美国失业率降至7.9%,持续领取失业金人数也减少至1177万人,新增非农就业66.1万人。劳动力市场的改善反映了受新冠肺炎疫情而被限制的经济活动持续恢复。然而,美国劳工部公布的数据显示,截至10月3日的一周,美国首次申请失业救济人数环比下降9000人,为84万人,已连续六周低于百万,并降至3月中旬以来最低值,但不及预期的82万人,且仍高于金融危机时的峰值66.5万人。美国首次申请失业救济人数仍在历史高位徘徊,显示美国夏季就业增长势头有所降温,就业市场复苏依然艰难。

2. 欧洲疫情再起,经济复苏受阻

进入9月份,欧洲面临疫情二次冲击的危险"转折点",英法等多国政府被迫收紧疫情防控措施。世界卫生组织欧洲区域办事处主任克卢格警告称，欧洲地区9月份以来每周新增新冠肺炎确诊病例已超过2020年3月疫情高峰时的水平，正面临非常严峻的形势。2020年三季度欧元区受二次疫情的影响，经济复苏进程放缓。欧元区19国综合采购经理人指数（PMI）三季度均值为52.4，较上季度的历史低位31.3大幅改善。不过，从月度数据来看，欧元区综合PMI在7月反弹至54.9的高位后显现出后继乏力的态势，此后两个月连续下滑，最终跌至9月的50.4，接近荣枯分界线。随着欧元区新冠肺炎感染人数上升，区内经济活动受各国政府重新实施部分限制措施的影响，再度出现低迷的苗头。9月德国综合PMI表现较好，达到54.7的高位，较前一个月的54.3继续上升，表明德国经济活动持续活跃。法国方面，综合PMI由8月的51.6下滑至48.5，受服务业拖累明显。8月欧元区19国经季节性调整后的失业率连续5个月上升，达到8.1%，较7月的8.0%上升0.1个百分点。欧盟统计局估计，8月欧元区失业人数约为1318万人，相较上个月增加了25.1万人。欧元区青年失业率也同样处于持续攀升状态。8月欧元区19国青年失业率为18.1%，较上月上升0.3个百分点，青年失业人数为246万人，比上月增加了6.9万人。

此外，英欧贸易谈判一波三折，为欧洲复苏蒙上阴影。英欧贸易谈判自3月初启动以来波折不断，鉴于双方在政府援助、捕鱼、北爱尔兰等问题上的较大分歧，多轮谈判都未能取得太大进展。9月初，英国政府公布了《内部市场法案》，旨在"凌驾"于《北爱尔兰议定书》之上，使英国政府能够自行控制北爱尔兰地区贸易、关税和人员往来的相关规定。该举动引起欧盟强烈反应，启动针对英国的法律程序，给英欧贸易谈判带来巨大不确定性。不过，英欧随后在布鲁塞尔举行的第九轮贸易协议谈判似乎又给事情带来了转机。根据谈判相关报道，欧盟有意将脱欧贸易谈判延长至11月并表示双方已"接近达成协议"。这意味着英欧或能避免在12月31日英国脱欧过渡期结束时出现破坏性的"无协议"局面。市场预计，如果双方无法达成协议，对英欧双方造成的后果就将远远超过新冠肺炎疫情所带来的冲击。

3. 欧美就数字税发生较大分歧

新冠肺炎疫情暴发之前，美国特朗普政府已发起对中国、欧洲、日韩、墨加等国家和地区的贸易战，导致全球经济出现了逆全球化趋势。疫情的暴发，没有消除贸易分歧、共克时艰，反而愈演愈烈。其中，数字技术主导权的争夺成为美国对外贸易战的主要领域之一。

(1) 欧洲积极制定数字税

近年来，数字经济快速崛起，大量经济活动由线上取代线下，尤其是美国谷歌、亚马逊等跨国科技巨头正在改变人们的经济活动和生活方式。对数据征税，或者说对从事数字服务的企业征税已成为欧洲、美国、亚洲主要经济体，甚至拉美和非洲等落后地区热议的话题。从国家和地区来看，欧洲是数字税的最早支持者，也是目前主要的实践者；从国际组织来看，经济合作与发展组织（OECD）是主要协调者，试图从跨国层面制定统一的国际规则，而 OECD 成员大都来自欧洲。可见，英法等欧洲国家已经走在了数字税的理论和实践前列。

（2）欧洲数字税动机主要是制衡美国

由于欧洲各国的市场比较小，不足以覆盖重大技术的前期研发和推广成本，而且欧洲数据保护严苛使得数据开发使用限制较多，这导致大量欧洲技术仍停留在实验室内，以及一些小型科技企业在创立初期就被外资企业收购。总体上，在此轮以互联网为代表的高科技公司兴起过程中，明显落后于美国，甚至一定程度上落后于中国和日韩，全球大型的科技公司几乎没有一家欧洲本土企业。数字税的提出正是基于这个大背景。欧洲试图将数字税作为破除本地市场被美国企业垄断困境的重要途径。也正是出于这个原因，欧洲各国数字税无一例外将外国大型科技公司作为征税对象。当然，实际税制设计上并没有明文规定只征收外企，而是设置了较高的征税门槛，高到只有谷歌等少数外企才会成为征税对象，本地企业在成长起来之前不会被征税。利用外企征得的数字税，通过扶持中小企业研发等方式注入本地数字企业，这样就扶持了本国企业，打压了外国企业，重构产业平衡。

而且，新冠肺炎疫情加大了财政赤字，亟须补充税源。新冠肺炎疫情冲击之下，各国经济社会遭受不同程度的损害，纷纷出台财政刺激计划，税收减少但支出上升，使得财政赤字高企。探寻新的税收来源成为各国政府的重要课题。出于这一原因，数字税进程被迫加快。国际公司税改革独立委员会认为，新冠肺炎疫情对政府预算提出了更高要求，这突出表明需要建立一个全球公平的国际税收制度，以确保所有跨国公司缴纳公平份额的税款。

同时，数字经济在疫情面前表现出了较强的增长韧性，成为对冲经济下滑影响的重要倚靠。这又导致一些国家希望进一步放松数字经济发展的制度环境，不征收或延迟征收数字税。所以，疫情对数字税的影响是双向的，只是加剧各方的争议。2020年6月18日，美国参议院发表声明，称考虑到新冠肺炎危机，美方希望OECD成员放弃对美国企业征收数字税的计划。

（3）数字税成为欧美之间的主要经贸冲突

由于数字税针对的是大型科技公司，主要是美国谷歌、脸书等公司，故而遭到了美国的强烈反对。美国财政部部长姆努钦对多个国家已开征或酝酿开征数字税表达强烈担忧，认为美国科技公司正面临"单边及不公平"税收方案，并敦促各国在OECD框架内制订全球计划。美国贸易代表莱特希泽声称，美国正致力于对抗欧盟日益增长的保护主义。这种保护主义不公平地针对美国企业，无论是通过征收数字税还是其他针对美国数字服务领军企业的措施。美国商界人士亦批评数字税计划，认为英、法等欧洲国家开征数字税，将促使美国重新审视自身税制和监管规定，从而"决定采取哪些恰当行动，以确保在全球市场一碗水端平"。

美国开启了一系列反制行动。2019年12月，美国拟对高达24亿美元的法国输美商品加征100%的关税，作为对法国开征数字税的报复。2020年6月2日，美国贸易代表办公室宣布，美方开始对欧盟、英国、法国等在内的已经征收或正在考虑征收数字税的10个贸易伙伴发起"301调查"。2020年6月26日，美国贸易代表办公室宣布拟对从英法德西进口的价值约31亿美元商品加征100%关税，并表示美方已退出与欧盟之间的数字税谈判，由于与欧洲同行展开的相关谈判一直未能取得明显进展，美方不再寻求继续磋商，将着手重塑一套"国际规则制度"来应对数字课税问题。

除了直接对抗，欧美分歧还在OECD等多边机构展开。2020年6月17日，美国贸易代表办公室宣称，已经暂停与OECD成员之间关于数字税和国际税收规则的谈判。对此，欧盟税务专员真蒂洛尼发表声明，称对美方此举深表遗憾，欧方将继续致力于达成围绕数字税的全面解决方案，如果相关努力无法在年内达成多边协议，那么欧方将就征收"数字税"进一步提出自己的应对方案。OECD秘书长证实，尽管美国退出谈判并呼吁他国推迟这一进程，但OECD仍坚持在2020年底前制定一项对数字经济征税的多边方案。

（4）欧美数字税争端加剧全球经济复杂性

欧洲对美国企业征收数字税，已经与美国拟对欧洲汽车加征关税事宜捆绑起来，使得主要经济体之间的贸易争端越发复杂。2018年中美贸易战开启不久，特朗普政府就提出针对欧洲汽车的贸易战。欧美都是汽车大国，但欧洲汽车业的竞争力相对更强，欧洲汽车在美国的市场份额高于美国汽车在欧洲的市场份额。从税率上看，欧盟对美国进口汽车征收25%的关税，而美国对欧盟汽车仅征收2.5%的关税。特朗普认为这是不公平的，要求欧盟降低关税。尽管美国至今未对欧洲汽车加征关税，但美国一直将其作为要挟手段试图让欧盟妥协。与汽车业刚好相反，在数字经济领域，美国对欧洲处于优势地位，欧洲发起的数字税在一定程度上是一种谋求产业平衡的做法。

（四）西方财政刺激计划——以英国为例

各国政府采取的临时救助方案缓解了跌势，成为疫情期间托底经济增长的主要政策。据估算，G20国家的疫情救助资金总额已经高达13万亿美元。由于财政刺激力度比上一次危机后更大，其可持续性备受各界担忧。

这里，以英国为例，详细介绍疫情期间出台的财政救助政策。自2020年3月11日英国财政大臣苏纳克宣布2020年英国春季财政预算案（Budget 2020）以来，英国政府就新冠肺炎疫情影响下刺激就业和经济复苏出台了一系列财税政策。

1. 就业支持旗舰计划

为应对疫情对英国就业的巨大冲击，英国政府于3月下旬宣布了两项针对企业员工和自雇人士的就业支持旗舰计划。专家预计，两项计划将使政府总计花费约800亿英镑。

（1）工作保留计划（Job Retention Scheme）

对于经营受疫情影响而无法维持现有员工队伍的企业，可要求员工强制休假。政府向休假员工支付月工资80%、最高2500英镑的补助，并支付其国民保险（National Insurance）和退休金。该计划原定持续到7月底，后延长至10月底。自7月起，企业可让员工弹性工作并自行决定工作时长；8月起，企业开始支付员工国民保险和养老金；9月起，企业增付员工10%的工资（政府承担70%）；10月起，企业再增付员工20%的工资（政府承担60%）。英国央行于9月份的一项报告显示，约750万人从该计划中受益，目前400万人已恢复工作，350万人仍在强制休假。

（2）自雇人士收入支持计划（Self-employment Income Support Scheme）

对于受疫情影响导致收入降低或完全失去收入的自雇人士，政府向其提供相当于过去三年月平均利润80%的补助，每月上限2500英镑。该计划仅针对年平均利润在5万英镑以下的自雇人士，申请者须提供2019年度税务报表，通过相关部门审核后即可获得补助资金。该计划原定持续3个月，后再次延长3个月，但支付标准降至月平均利润的70%。政府已于5月份一次性向自雇人士支付不超过7500英镑的补助，并于8月份再次支付不超过6570英镑的补助。该计划受益人数已超过270万人。

2. 新"就业计划"（Plan for Jobs）

7月8日，英国政府宣布了总额超过300亿英镑的新"就业计划"，旨在促进英国就业增长和经济复苏。

（1）支持就业

一是发放岗位保留奖金（Job Retention Bonus），在前述政府工作保留计划退出后，对 2021 年 1 月 31 日仍保留因疫情强制休假员工岗位的雇主，一次性给予每个岗位 1000 英镑的奖金补助，预计最高补助金额为 94 亿英镑。二是实施 20 亿英镑的就业"启动计划"（Kickstart Scheme），按照每周 25 个工时的全国最低工资标准，对年龄在 16—24 岁的年轻人提供 6 个月的全额工资补贴。三是安排 16 亿英镑用于支持学徒计划、就业培训和岗位实习等，帮助年轻人找工作。具体包括对企业每雇用 1 名 25 岁以下新学徒给予 2000 英镑的奖励；投入 1.11 亿英镑将年轻人就业培训规模提高 3 倍；投入 9 亿英镑将工作教练（work coaches）数量提高 2 倍，增至 2.7 万名；投入 1700 万英镑将年轻人实习岗位数量提高 3 倍；等等。

（2）创造就业

一是引入 30 亿英镑的绿色投资计划，用于创造 14 万个绿色就业岗位，助力英国实现 2050 年零碳排放的目标。具体包括年内投入 20 亿英镑用于居民住宅的节能改造；投入 10 亿英镑用于学校、医院等公共建筑的环保改造。二是根据 2020 年 3 月财政预算案确定的基础设施投资计划，投入 58 亿英镑用于已准备就绪项目的开工建设。具体包括投入 15 亿英镑用于医院的维护升级；投入超过 17.6 亿英镑用于英格兰部分学校的重建和维护；投入超过 10 亿英镑用于地方性项目建设；投入1亿英镑用于地方公路网建设；投入1.42亿英镑用于英格兰约100个法院的维护和数字化升级；等等。

（3）保护就业

一是推出8月"外出就餐，帮助餐饮企业摆脱困境"（Eat out to Help out Discount Scheme）的折扣计划，对当月每周一至周三在咖啡馆、餐馆及酒吧就餐的顾客提供50%的折扣优惠，人均折扣最高不超过10英镑，预计补助总额为5亿英镑。二是自2020年7月15日至2021年1月12日，将旅游、酒店等服务行业增值税从20%降至5%，预计减税41亿英镑，保护该行业15万家企业近240万个工作岗位。三是自2020年7月8日至2021年3月底，将住房交易印花税的起征点从12.5万英镑上调至50万英镑，预计减税38亿英镑。调整后，英格兰和北爱尔兰地区的9成购房者将无须缴纳住房交易印花税。

3. 疫情应对专项计划（Responding to COVID-19）

英国3月财政预算案公布了120亿英镑的疫情应对专项计划，为受疫情影响的公共服务、企业和个人提供支持。其中除50亿英镑用于设立疫情应急基金，确保国民医疗服务系统（NHS）及其他公共服务机构获得抗击疫情所需资金外，剩余70亿英镑主要用于以下方面。一是20亿英镑用于支付中小企业自我隔离员工的法定病假工资（Statutory Sick Pay）。二是 10 亿英镑用于对弱势群体的困难补助。三是 10 亿英镑用于对零售、休闲和酒店行业的商业税收减免。四是 30 亿英镑用于对中小企业提供信贷支持和资金援助。

4. 个人及家庭支持计划

根据 3 月财政预算案，英国政府出台一系列政策，致力于解决个人及家庭生活负担问题，保护社会最弱势群体，具体包括以下几点。一是提高国民保险缴税门槛，由 8632 英镑提高至 9500 英镑，降低 3100 万就业人群的税收负担，每年企业员工节省约 104 英镑，自雇人士节省约 78 英镑。二是自 2021 年起，向英格兰地区经济适用房项目（Affordable Homes Programme）追加 95 亿英镑投入，达到 122 亿英镑。三是继续免征燃油税（已连续免征 10 年），并免征所有酒精税。四是将电子出版物纳入增值税零税率范围，取消卫生棉条税。五是支持 50 万名学龄儿童进入免税儿童托育（Tax-Free Childcare）。六是额外投入 10 亿英镑用于拆除 18 米以上住宅上的不安全覆盖物，保障居民安全。七是投入 6.43 亿英镑用于支持流浪人员的食宿服务等。

另外，英国政府还制定目标，拟于 2024 年将国家最低生活工资标准提高至中位数收入的 2/3，即由当前的每小时 8.72 英镑提高至预期的 10.5 英镑，覆盖范围扩大至所有年龄在 21 岁及以上的员工。

5. 企业支持计划

根据 3 月财政预算案，英国政府出台政策致力于吸引企业投资，释放企业潜力，支持未来高科技、高技能业务工作的发展。具体包括：一是为降低企业聘用成本，将企业就业津贴提高至 4000 英镑，惠及 51 万家企业；二是继续保持 19% 的公司税率，维持 GT 和 G20 中的最低水平；三是增加企业用于建设投资的税收优惠；四是对不同类型企业提供有关信贷项目支持；等等。

（五）西方财政刺激计划难以为继

尽管各国出台了大量财政支持政策，并已取得较好效果，但是财政政策可持续性受到质疑。经济衰退导致经济规模缩小，因此从中期来看，税收减少和支出增多并存必然导致赤字率攀升，税收收入不足以偿还公共债务的风险将会增加。也即，大规模刺激政策或将难以持续。

3 月份以来，美国政府已出台了三轮主要救助方案，这些纾困政策保障了美国家庭尤其是贫困家庭的基本生活和避免了中小企业的大规模破产。随着已有的纾困政策逐渐到期，而关于新一轮纾困政策，两党尚未达成一致意见，新纾困政策的暂时缺位可能导致消费下滑和经济复苏势头受阻。根据美国财政部 10 月

17日公布的最新一期数据，截至9月底，2020财年美国联邦预算赤字已达3.1万亿美元，是2019年赤字9840亿美元的近三倍（即暴涨300%），也较疫情大规模蔓延之前的2月份政府估计高出2万亿美元，同时，这一赤字水平也刷新了金融危机之后的2009年1.4万亿美元的历史纪录，且预算赤字占GDP比重也创下1945年以来新高，达到16%。要消除当前庞大的赤字情况，势必需要削减开支或提高税收，但这却会对美国经济复苏造成阻碍，并给纳税人带来更多税务负担。另外，随着当前美国政府加大支出、增加货币供应量，庞大的赤字最终将引发通货膨胀。

二 中国经济稳健复苏

前三季度中国经济"V"形反弹，增速由负转正，国内生产总值722786亿元，按可比价格计算，同比增长0.7%。分季度看，一季度同比下降6.8%，二季度增长3.2%，三季度增长4.9%，呈现稳健复苏态势。分产业看，第一产业增加值48123亿元，同比增长2.3%；第二产业增加值274267亿元，同比增长0.9%；第三产业增加值400397亿元，同比增长0.4%。

中国宏观经济在增速逐渐恢复的同时，在产业结构、技术含量、数字化程度、产业链内循环水平等方面出现了明显改观,与内外双循环新发展格局、经济高质量发展等中央要求高度一致。同时,在就业、商务服务业等方面也存在隐忧,值得为第四季度及明年经济发展所重视。

(一) 高技术推动工业加快增长,成为经济增长主要贡献力量

尽管农业增速高于工业,但工业增加值远大于农业,因此,综合考虑增加值和增速,工业对经济增长的贡献大于农业和服务业。前三季度,全国规模以上工业增加值同比增长1.2%,其中,高技术制造业、装备制造业增加值同比分别增长5.9%、4.7%。从产品产量看,工业机器人、集成电路产量同比分别增长18.2%、14.7%。可见,工业技术含量总体上显著提升。投资数据也是如此。前三季度,全国固定资产投资(不含农户)436530亿元,同比增长0.8%,其中,高技术制造业增长9.3%。高技术制造业中,医药制造业、计算机及办公设备制造业投资分别增长21.2%、9.3%。

工业成为经济增长主要贡献力量,并且技术含量持续提升的事实表明,一些人认为"一、二、三产业层次依次递进,服务业比重越大代表产业结构越好"的看法是片面的,应该从产业融合角度重新审视最优的产业结构。

（二）数字化带动现代服务业发展，冲击商务服务业等商圈经济

2020年前三季度，服务业实现稳步复苏。前三季度，服务业增加值增长4.3%，增速比二季度高2.4个百分点。数字化和信息化相关产业，成为服务业增长的主要推动力。前三季度，信息传输、软件和信息技术服务业，金融业等现代服务业行业增加值分别增长15.9%、7.0%，分别比上半年提高1.4个、0.4个百分点（见表2）。从投资来看，电子商务服务业、信息服务业、科技成果转化服务业投资分别增长20.4%、16.9%、16.8%，远高于第三产业投资增速（2.3%）和高技术服务业投资增速（8.7%）。这一趋势也在消费端得到验证。社会消费品零售总额273324亿元，同比下降7.2%。然而，全国网上零售额达80065亿元，同比增长9.7%，增速比上半年高2.4个百分点。其中，实物商品网上零售额66477亿元，增长15.3%，占社会消费品零售总额的比重为24.3%。外贸数据也不例外。前三季度，通过海关跨境电商管理平台进出口1873.9亿元，增长52.8%。

服务业数字化的隐忧在于，对线下体验式、场景式消费和办公造成冲击。数字经济对线下经济形成替代早已成为共识，但叠加疫情对社交距离的恐惧感，这一替代作用超出了一般预期，很可能彻底改写经济

产业结构。以商务服务业为例，越是发达地区，该行业产值往往越大，与其他行业的联系也更紧密。因此，商务服务业一直被认为是优化产业结构、推动高质量发展的重要依靠。然而，疫情冲击之下，人们的消费习惯、办公方式、娱乐模式等逐渐发生变化，且可能长期固化。第三季度，租赁和商务服务业GDP同比下滑6.9%，住宿和餐饮业GDP同比下滑5.1%，成为仅有的两个未转正行业，如表2所示，长期看或将持续改写商圈、总部经济等地理格局。

表2　　　　　　　　　2020年三季度GDP初步核算数据

	绝对额（亿元）		比上年同期增长（%）	
	三季度	一——三季度	三季度	一——三季度
GDP	266173	722787	4.9	0.7
第一产业	22070	48123	3.9	2.3
第二产业	101508	274267	6.0	0.9
第三产业	142595	400397	4.3	0.4
农林牧渔业	22972	50276	4.0	2.4
工业	81967	227011	5.6	0.7
制造业	69572	192683	6.1	0.5
建筑业	19983	48517	8.1	2.0
批发和零售业	25122	67568	3.1	-4.2
交通运输、仓储和邮政业	11288	29803	3.9	-2.2
住宿和餐饮业	4480	10782	-5.1	-19.1
金融业	21739	64041	7.9	7.0
房地产业	19149	53011	6.3	1.6
信息传输、软件和信息技术服务业	8809	27310	18.8	15.9
租赁和商务服务业	8001	22313	-6.9	-8.1
其他行业	42661	122153	2.3	-0.1

资料来源：国家统计局。

(三) 服务贸易逆差缩小，结构优化

2020年前8个月，中国服务进出口额29896.2亿元，同比下降16.3%。其中，出口12370亿元，下降2.2%；进口17526.2亿元，下降24%。尽管服务贸易规模下降，但服务出口表现明显好于进口，贸易逆差减少、贸易结构优化。1—8月，中国服务出口降幅小于进口21.8个百分点，带动服务贸易逆差下降50.6%，至5156.2亿元，同比减少5275.2亿元。同时，知识密集型服务贸易比重上升。1—8月，知识密集型服务进出口13173.9亿元，增长8.5%，占服务进出口额的比重达到44.1%，提升10.1个百分点。其中，知识密集型服务出口6928.9亿元，增长8.5%，占服务出口额的比重达56.0%，提升5.5个百分点；出口增长较快的领域是知识产权使用费、电信计算机和信息服务、保险服务，分别增长29.9%、15.8%、13.4%。2020年9月，中国国际服务贸易交易会在北京举办，致力于推动中国服务进出口。

然而，服务贸易逆差的缩小主要来自旅行服务进出口的缩小，在长期是不可持续的。各国采取的严格限制人员跨境流动的措施严重影响世界范围内旅行服务进出口。1—8月，中国旅行服务进出口7248.9亿元，下降45.8%，降幅比1—7月增加1.2个百分点；其中出口下降42.5%，进口下降46.2%。剔除旅行服务，1—8月中

国服务进出口与上年同期基本持平。所以,疫情过后服务贸易逆差或将大幅反弹。而且,商务部研究院发布的《全球服务贸易发展指数报告2020》显示,中国服务贸易规模指数从第7位下降至第8位,结构指数从第72位上升至第67位,尽管服务贸易结构在优化,但与规模指数的排名还相差甚远。

(四)"三驾马车"齐发力,带动经济正增长

从投资来看,2020年前三季度,固定资产投资同比增长0.8%,增速年内首次由负转正,上半年为下降3.1%(如图2所示)。其中,基础设施投资增长0.2%,增速年内首次由负转正,上半年为下降2.7%;制造业投资下降6.5%,降幅比上半年收窄5.2个百分点;房地产开发投资增长5.6%,增速比上半年提高3.7个百分点。特别是随着中央预算内投资、专项债券、抗疫特别国债等资金陆续下达,项目开工和资金到位情况持续好转,推动投资不断回稳向好。

从消费来看,9月份,社会消费品零售总额同比增长3.3%,增速比8月份提高2.8个百分点,连续2个月增长。从出口来看,前三季度,货物进出口额同比增长0.7%,增速年内首次由负转正。其中,9月份出口大幅增长,达8.7%。从利用外资来看,1月至9月全国实际使用外资7188.1亿元人民币,同比增长

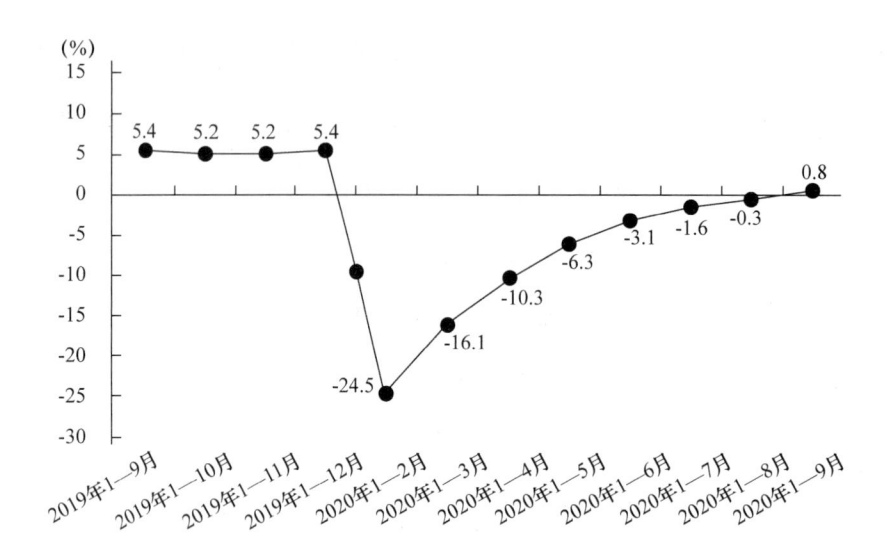

图2 2020年前三季度中国固定资产投资（不含农户）实现"V"形反弹

资料来源：国家统计局。

5.2%（折合1032.6亿美元，同比增长2.5%），2020年以来首次实现人民币、美元累计指标"双转正"。9月9日，上海美国商会发布报告称，大部分企业持续看好中国市场，78.6%的受访企业表示不会转移在华投资，较上年增加5.1个百分点；9月10日，中国欧盟商会发布报告称，欧盟企业在华投资情况总体稳定，只有11%的受访企业考虑外迁或改变投资计划，接近10年来最低水平。这些数据进一步显示，外资企业长期在华投资经营的信心并没有改变。

（五）CPI和PPI剪刀差收窄，需求端和供给端双向改善

2020年9月，中国CPI同比上升1.7%（预期

1.9%，前值2.4%），PPI同比增速为-2.1%（预期-1.8%，前值-2.0%），CPI-PPI剪刀差从4月6.4%的高点降至9月的3.8%，连续5个月下降。CPI-PPI剪刀差持续收窄主因是疫情后供需矛盾缓解和PPI上游结构性好转，是需求端和供给端的双向改善。一方面，随着疫情后供需矛盾缓解、猪肉价格同比增幅缩小，食品项增幅收窄，叠加非食品表现低迷，CPI同比自5月逐步回落至"2%"以下。另一方面，随着疫情后内需和外需回稳，PPI同比自6月降幅明显缩窄。

9月CPI同比增长1.7%，涨幅较8月回落0.7个百分点。剔除食品和能源的核心CPI同比连续三个月持平（0.5%）（如图3所示）。总体来看，随着洪灾、异常天气等短期因素消退，以及猪肉供需矛盾缓解，食品项涨幅缩窄，也有望推动CPI同比继续下行。9月CPI非食品环比上涨0.2%（过去5年同期均值为0.32%），9月非食品虽仍低于季节性，但重点指标其实已有改善。9月家庭服务、交通工具、通信工具、旅游价格环比涨幅已经分别超过过去5年均值0.05个、0.06个、0.15个和0.85个百分点。特别地，统计局数据显示，随着文娱消费逐步恢复，观影人数增加，电影票价格上涨4.1%；课外和民办教育收费上涨，两者带动教育文化和娱乐环比上涨0.8%，较前值提升1.1个百分点。需要注意的是，房租价格仍然低于季节性,反映出就业压力仍不容忽视。

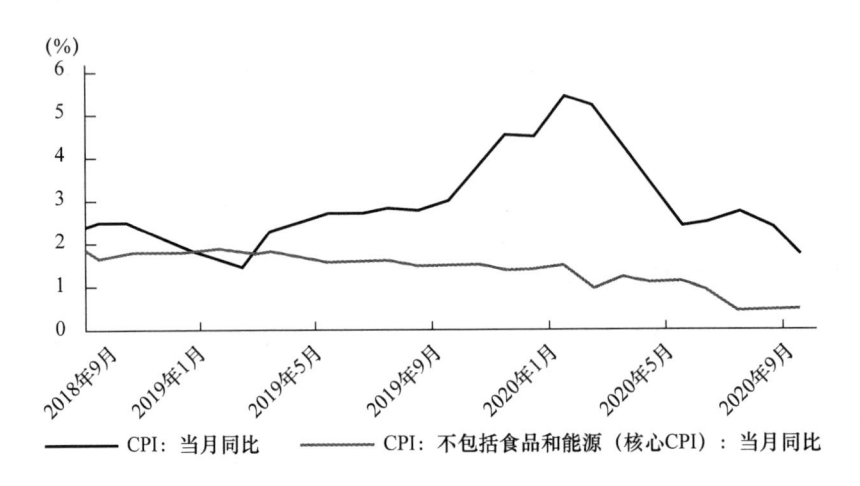

图 3　2020 年前三季度中国 CPI 走势

资料来源:国家统计局。

9 月 PPI 同比降幅略有扩大,结构形成分化,即生活资料价格同比下降,国际油价下跌拖累石化产业链价格,黑色金属价格坚挺反映投资需求旺盛。PPI 中生产资料占比约 75.0%,因此市场通常采用高频生产资料价格指数对 PPI 进行预测。分解看,9 月 PPI 生产资料比 8 月提高 0.2 个百分点,为 -2.8%,然而生活资料同比下降 0.7 个百分点,为 -0.1%,特别是食品类同比升幅较 8 月显著缩窄 1 个百分点,为 2.1%。

(六) 就业和居民收入趋稳,仍有较大提升空间

2020 年 9 月份,全国城镇调查失业率为 5.4%,比 8 月份下降 0.2 个百分点;其中 25—59 岁人口调查失业率

为 4.8%，低于全国城镇调查失业率 0.6 个百分点，与 8 月份持平。31 个大城市城镇调查失业率为 5.5%，比 8 月份下降 0.2 个百分点。这些数据显示，失业率仍然偏高。前三季度，全国居民人均可支配收入 23781 元，同比名义增长 3.9%，扣除价格因素实际增长 0.6%（如图 4 所示）。年内首次转正，上半年下降 1.3%。按常住地分，城镇居民人均可支配收入 32821 元，名义增长 2.8%，实际下降 0.3%；农村居民人均可支配收入 12297 元，名义增长 5.8%，实际增长 1.6%。而居民收入数据则表明，实际增长较低，且城镇居民收入为负增长。

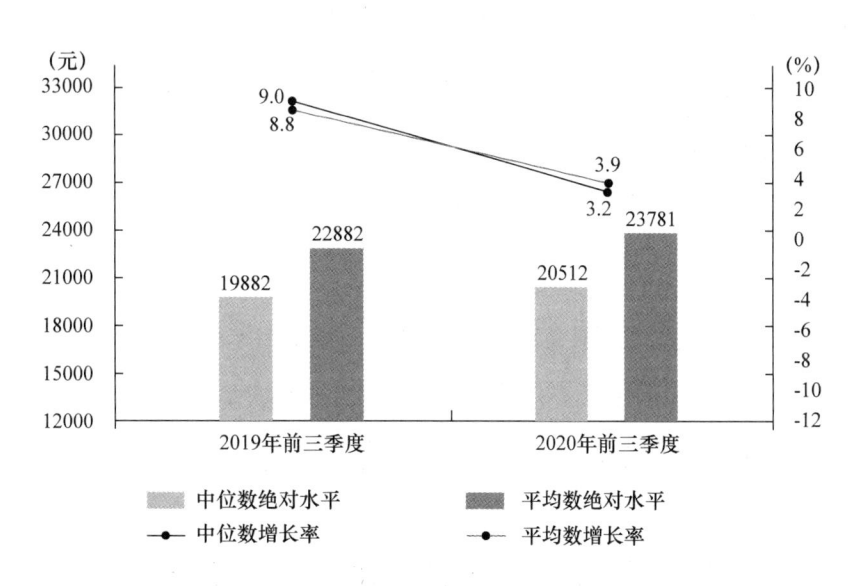

图 4　2019 年前三季度、2020 年前三季度居民人均可支配收入平均数与中位数

资料来源：国家统计局。

2020 年是全面建成小康决胜之年，稳就业和收入的重要性不言而喻。因此，四季度居民实际收入应有

更大幅度的提升，消除贫困人口、提高居民收入、实现小康社会都需要以就业为基础，这进一步提升了提高就业数量、改善就业质量的期望。

（七）中国在实现自身经济发展的同时坚持开放合作

中国在实现自身经济发展的同时坚持开放合作，为稳定世界经济作出重要贡献。前三季度，中国企业对"一带一路"沿线国家非金融类直接投资130.2亿美元，同比增长29.7%。目前，共建"一带一路"框架内的各项工作继续推进。中国的医疗物资和人道主义援助通过中欧班列被运送到相关国家和地区，有效帮助各方抗击疫情。

习近平主席在亚洲基础设施投资银行第五届理事会年会视频会议开幕式上指出，中国始终支持多边主义、践行多边主义，以开放、合作、共赢精神同世界各国共谋发展。4年多来，亚投行已投资100个基础设施项目，投资总额超过200亿美元。疫情防控期间，亚投行推出初始规模100亿美元的新冠肺炎疫情危机恢复基金，支持其成员应对疫情和恢复经济。

三　财政赤字持续扩大，政策后劲依靠效率提升

（一）财政收支缺口增长

一方面，财政收入增速急剧下降。2020年1—8月

累计全国一般公共预算收入126768亿元，同比下降7.5%。其中，中央一般公共预算收入59259亿元，同比下降10.1%；地方一般公共预算本级收入67509亿元，同比下降5.1%。全国税收收入108236亿元，同比下降7.6%；非税收入18532亿元，同比下降7.0%。从近十年数据来看，财政收入下降已成大趋势。中国财政收入增速由2010年的21.3%下降到2014年的8.6%，此后又下降到2018年的6.2%、2019年的3.8%。受新冠肺炎疫情影响，2020年财政收入出现负增长。

全国政府性基金预算收支情况显示，1—8月累计全国政府性基金预算收入47030亿元，同比增长2.3%。分中央和地方看，中央政府性基金预算收入2343亿元，同比下降16.7%；地方政府性基金预算本级收入44687亿元，同比增长3.5%，其中，国有土地使用权出让收入42017亿元，同比增长9.0%。

另外，财政支出也在下降，但降幅较小。1—8月累计全国一般公共预算支出149925亿元，同比下降2.1%。其中，中央一般公共预算支出21276亿元，同比下降4.1%；地方一般公共预算本级支出128649亿元，同比下降1.7%。

1—8月累计，全国政府性基金预算支出63889亿元，同比增长21.1%。分中央和地方看，中央政府性基金预算支出1516亿元，同比下降6.2%；地方政府性基金预算本级相关支出62373亿元,同比增长22%,其中,国有土地使用权出让收入相关支出38947亿元,同比下降12.7%。

中国的地方债、专项债发行较快。截至9月底,地方债累计发行56789亿元。新增债券完成全年发行计划的91.0%,其中一般债券完成全年计划的95.8%;专项债券完成全年计划的89.7%,完成已下达额度的95.0%。留给第四季度的空间已经较小。

综上可以看出,全国一般公共预算收入和支出都在下降,而收入下降幅度更大;全国政府性基金预算收入和支出都在上升,而支出上升幅度更大,这表明财政赤字率正在攀升,财政政策实施空间收窄。

从历史数据来看,如图5所示,近二十年,我国一般公共预算支出几乎都高于一般公共预算收入,特别是近几年,预算支出增速要明显大于预算收入,导致财政收支缺口增加,财政赤字率已经逼近红线。

(二)创新财政政策方式,发行特别国债

面对新冠肺炎疫情冲击,中国政府创新财政政策方式,及时发行特别国债。2020年3月27日,中共中央政治局会议提出将发行特别国债,4月17日,政治局会议重申,"积极的财政政策要更加积极有为,提高赤字率,发行抗疫特别国债"。5月22日,李克强总理作

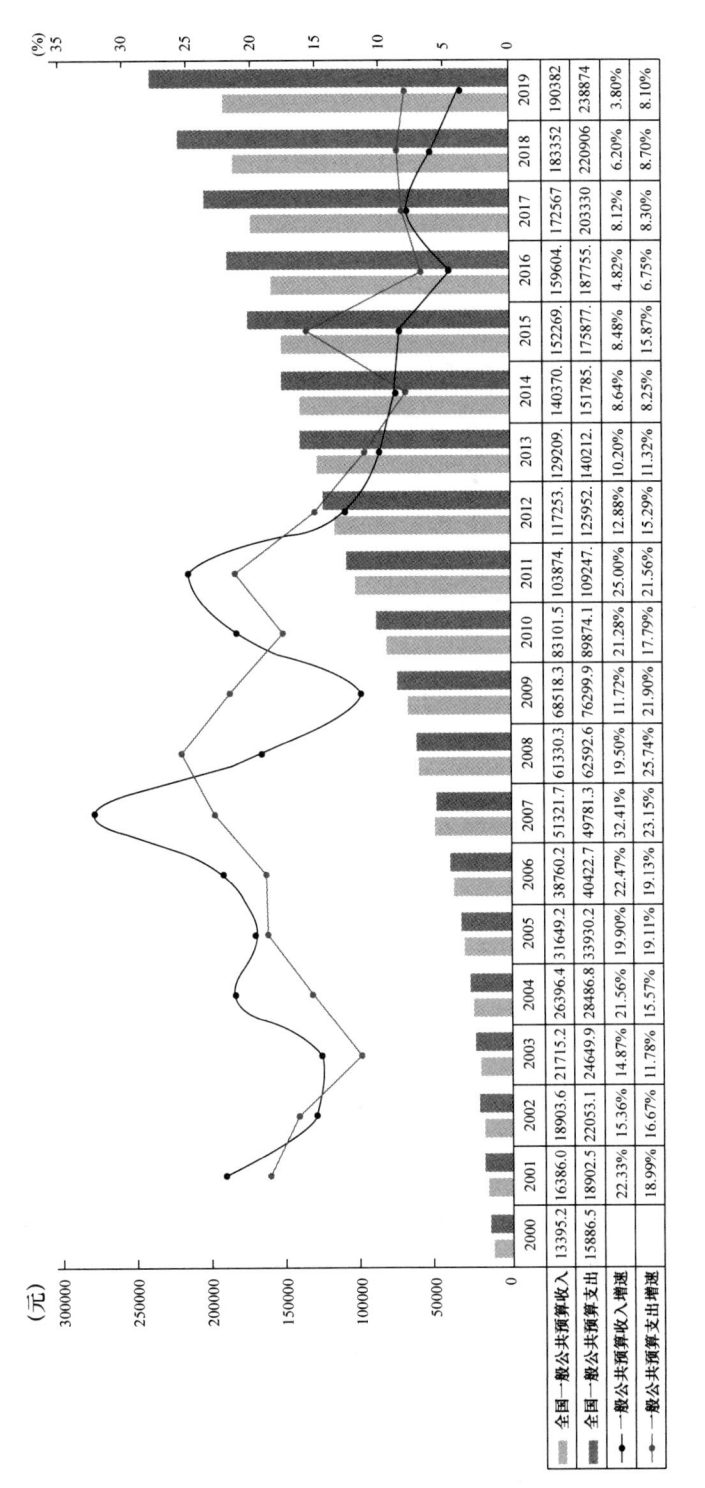

图 5　2000—2019 年历年全国财政收支情况

资料来源：财政部。

《政府工作报告》时明确提出，2020年我国将发行1万亿元抗疫特别国债。

发行抗疫特别国债，是特殊时期的特殊举措，将有效拓展财政政策空间，积极对冲疫情影响。在此之前，中国只发行过两次特别国债，也都有特别的背景和目的（如表3所示）。第一次是1998年，财政部面向工、农、中、建四大国有银行发行了总规模2700亿元特别国债，主要是改善银行资本金不足问题；第二次是2007年，财政部面向商业银行和社会公众发行1.55万亿元特别国债用于购买外汇，为即将成立的国家外汇投资公司筹措资本金。

表3　　　　　　历史上我国特别国债发行情况

年份	资金用途	发行对象	发行规模
1998	补充四大行资本金	四大国有银行	2700亿元
2007	注资成立中投公司	农业银行、债市成员	1.55万亿元
2017	2007年特别国债的续作	债市成员	6964亿元

资料来源：笔者整理。

《政府工作报告》中明确，1万亿元特别国债和新增的1万亿元财政赤字规模，将主要用于保就业、保基本民生、保市场主体，包括支持减税降费、减租降息、扩大消费和投资等。

需要注意的是，特别国债也是一种债务，需要还本付息，因此对用途的长期收益性具有一定要求。也正是这种国债能够还本付息的性质，使其不列入财政赤字。那么，特别国债的用途就存在"抗疫"和"收益"两方面权衡，抗疫是其直接使命，收益是其内在要求。特别国债的灵活性和有效性，为应对疫情复杂形势提供了有力武器，提高了财政政策效率。

第一，保就业和保市场主体有机结合。疫情大流行下，大量企业停工停产，就业首当其冲。保住了企业，就保住了工作岗位，就保住了就业。救活和保住企业，使其可以顺利复产而不破产，成为劳动力可以顺利复工而不失业的关键。特别国债为企业复工复产提供专项资金支持，尤其是湖北省内企业和中小企业，阶段性减免增值税和企业社会保险费、减租降息等。而且，保住了企业，也就稳住了经济增长。

第二，以地方公共卫生等基础设施建设为重点，保民生。可能有人会质疑，若国债投向民生领域，收益性如何保证？实际上，民生投资与经济收益并不矛盾，相反恰是主要经济增长点。向民生事业投资，可以实现经济与民生双赢。政府在铁路、公路等基础设施的投资，存在边际效应递减趋势，且逐渐饱和，而民生领域的基础设施仍然严重不足。此次疫情暴露出公共卫生等领域的短板，亟须加大投资。而且，民生投资是先导投资，对其他投资和消费具有示范和牵引作用，具有放大数倍的效果。

第三，灾后重建和新基建。此次特别国债募集资金的使用重点是，以专项转移支付的方式用于受灾严重的地区，扶持受灾地区的发展。与地震、洪涝等自然灾害不同，新冠肺炎疫情对重灾区的冲击主要是医疗、教育、数字基础设施等软件，而不是房屋、道路、桥梁等硬件。所以，对湖北、武汉等地的灾后重建，恰恰可以与中央力推的"新基建"相结合，重点对医疗卫生、城市管理、远程教育、工业互联网、智能制造等加强建设，如加大对新冠肺炎疫苗和药物科研攻关的支持力度，以此提升应急管理能力和抗击疫情长期冲击的能力。

同时，特别国债还可以发挥好财税政策的结构性调控优势，在新基建过程中打通产业链供应链上的"堵点"，补上"断点"，引导资本、资源向战略关键领域聚焦，促进产业链向中高端迈进，如增加一批呼吸机、口罩、护目镜和防护服等医疗设备生产线。财政部部长刘昆发文提及，"通过抗疫特别国债、地方政府专项债券等多种渠道，增加政府投资，发挥政府投资的撬动作用"[1]。

（三）财政政策后劲将更多依靠效率改进

财政政策是应对重大外生冲击的根本手段。由于疫

---

[1] 刘昆：《积极的财政政策要更加积极有为》，《人民日报》2020年5月14日。

情是突发事件，对经济社会的破坏性极大，而财政政策往往在拉动投资和增长方面具有"立竿见影"的效果（刘诚，2020），因此，财政政策是疫情期间最主要的政策，货币政策、产业政策、外贸政策则起到辅助或配合作用（蔡昉，2020；王晓霞，2020）。Evans 等（2008）发现，如果经济受到外生冲击不是很大，那么标准的货币政策反应是有效的，可以将经济恢复到合意的稳态。然而，如果冲击非常大，那么标准的货币政策将趋向于零利率下限，以至于足够的冲击甚至零利率和负利率都不足以把经济恢复至目标稳态。此时，只能依靠提高政府支出的财政政策，而且政府支出带来的产出增加需要达到某一重要水平。一旦产出超过这一重要水平，经济通常的稳定机制将推动消费、产出和通胀回到目标稳态，然后允许政府支出回到之前水平。

然而，持续扩大的财政赤字不可持续。2020 年第四季度、2021 年以及今后更长时期的财政政策的效果，将很难依靠支出数量的增长，而更主要依靠资金使用效率的提高、资金配置效率的改进、资金溢出和带动效率的增强。

（四）第四季度将实现更快增长

新冠肺炎疫情暴发后，中国遭受巨大冲击。幸运的是，在党中央的英明决断和具体部署之下，中国较快控制住了疫情大规模传播，中国经济在前三季度增速转正。

中国2020年四季度乃至全年有基础、有条件、有信心保持目前的态势。但当前境外的疫情形势仍然比较严峻，国际环境不稳定、不确定性仍然客观存在，国内有效需求仍然不足，地区、行业、企业的恢复还不均衡，经济持续向好的基础还需要进一步巩固。整体来看，第四季度经济增速有望加快至5%以上，全年经济增速有望维持在2%以上。

四　优化财政政策，在全球动荡中加快提升创新链产业链供应链水平

（一）疫情冲击具有长期性

疫情具有反复性与长期性。《科学》刊发的一份报告显示，一时的封锁将不足以控制全球性流行病，间歇性的隔离措施可能需要持续到2022年。Kissler等（2020）研究发现，新冠病毒的一大特点是，突变率非常高、对环境适应性极强。因此，姑且不算人类能否承受全面免疫的经济社会后果，也不算疫苗研发实力能否跟上实际需要，人类得病（或接种疫苗）产生的抗体很快就会失效。最终结果就是，人类周期性地感染新冠病毒，并时刻进行疫苗的更新研究。该研究

的结论是：如果人类抗体的免疫力只能维持40周，那么新冠肺炎疫情每年都会暴发一次；如果抗体的免疫力能维持104周，那么疫情会两三年出现一次大暴发，且每年会有小规模的疫情出现；如果抗体免疫力维持时间更长或者终身免疫，则会相应延迟甚至根除该疫情。

实际上，疫情由急性冲击演变为慢性压力，且具有再次转变为急性冲击的可能，兼具二者的双重属性。美国洛克菲勒基金会在"全球100韧性城市"（100 Resilient Cities）项目中提出，急性冲击是指对一个地区构成威胁的突发或者应急性重大事件，比如地震、火灾等自然灾害，以及经济领域的贸易战、科技战、社会领域爆发的公共卫生事件、生态领域的极端气候等；慢性压力是指缓慢渗透并动摇经济社会结构所带来的损失，比如经济衰退、社会动荡、资源短缺等，如表4所示。从新冠肺炎疫情的发展趋势和实际影响来看，已经从一次性的突发的急性冲击演变成多次反复小规模的长期的慢性压力，并且在慢性压力中可能伴随急性冲击的发生，可见其影响程度已经超出了地震、火灾、贸易战、粮食和水资源短缺等以往分类中的急性冲击或慢性压力的影响。

急性冲击和慢性压力的分类如表4所示。

表 4　　　　　　　　　急性冲击和慢性压力的分类

分类	基本界定	主要内容
慢性压力	指缓慢渗透并动摇城市经济社会结构所带来的损失	1. 税负过重 2. 失业率较高 3. 交通等基础设施效率低下 4. 粮食和水资源长期短缺
急性冲击	指对一个地区或者城市构成威胁的突发性或者应急性事件	1. 地震 2. 火灾 3. 集中爆发公共卫生事件 4. 贸易战、科技战等

资料来源：https：//www.100resilientcities.org/。

（二）提升我国创新链产业链供应链势在必行

疫情带来的影响不仅是总量上的，更是结构上的，确切地说是局部产业链受影响更大。受新冠肺炎疫情影响，"科技逆全球化"趋势全面凸显。世界主要大国纷纷重构国家科技供应链体系，强化其全球科技主导力将成为新趋势。不仅在基础研究、应用基础研究等具有公共科学技术知识领域，而且包括企业开发试验研究、共性技术和公共技术研究领域都加强了安全防范措施。

2000年以来，全球中间产品贸易量增长了两倍，每年超过10万亿美元。然而，复杂的生产网络是为了效率、成本和接近市场而设计的，不一定是为了透明度或弹性。如今，生产网络所处的世界经济经常出现混乱，导致产业链的安全性降低。麦肯锡全球研究院的一项研究探讨了处于产品生产价值链中的企业在寻求应对风险时所面临的再平衡行为——这些风险不是持续的商业挑战，而是更深刻的冲击，如金融危机、恐怖主义、极端天气，当然还有流行病。麦肯锡预计，各个行业每3.7年就会发生持续一个月或更长时间的供应链中断，企业在未来十年供应链中断而造成的预期亏损将相当于一年利润的45%。

新冠肺炎疫情给全球价值链带来了广泛冲击，但这只是一系列混乱事件中最新的一个。2011年，日本因一场大地震和海啸关闭了生产汽车电子元件的工厂，全球的装配线停工。这场灾难还摧毁了半导体公司所依赖的世界顶级先进硅片生产商。几个月后，洪水淹没了生产全球约1/4硬盘的泰国工厂，令个人电脑制造商陷入混乱。2017年，4级飓风哈维袭击了得克萨斯州和路易斯安那州，它扰乱了美国一些规模较大的炼油厂和石化工厂，造成了一系列行业的关键塑料和树脂短缺。这不仅是一连串的坏运气，环境和全球经济的变化正在增加冲击的频率和程度。近年来，极端天气事件造成的经济损失呈上升趋势，2019年有40场天气灾害造成的损失超过10亿美元。而且，随着一个新的多极世界的形成，我们正看到更多的贸易争端、更高的关税和更广泛的地缘政治不确定性。根据世界银行的评估，在全球贸易中，与政治稳定水平较低国家的贸易占比从2000年的16%上升到2018年的29%，近80%的贸易涉及政治稳定水平不断下降的国家。同时，对数字系统的依赖增加了对各种网络攻击的暴露。基于互联的供应链、资金流动以及产品供应链为风险渗透提供了更多的"表面积",连锁反应可以在这些网络结构中迅速传播。

因此,由于部分国家的政府要求提高自给率,贸易紧张、气候灾害、网络攻击带来供应链断裂的可能性上升,劳动力套利因技术进步而空间狭小,消费者对快速配送(打造更短多元本地化供应链诉求)需求上升,新冠肺炎疫情加快企业对供应链彻底重新评估等原因,创新链、产业链、供应链的自给自足趋势不断增强,跨国链条断裂风险增大。麦肯锡全球研究院的一份报告显示,全球企业可能在未来5年将其全球产品的1/4转移到新的国家,其中超过一半的制药和服装生产会转移到新的国家,受影响的商品总价在2.9万亿—4.6万亿美元之间,为2018年商品出口的16%—26%。[①]

以往,企业将大量注意力集中在管理它们最常遇到的冲击类型上,可将其归类为"意外中断"。近年来,贸易争端等其他一些冲击也登上了新闻头条,因此,企业已开始将其纳入规划。但其他不那么频繁发生的冲击可能造成更大的损失,也需要引起企业的注意。新冠肺炎疫情提醒我们,极端事件可能很少见,但它们确实是公司在做决策时需要考虑的问题。

---

① Lund, S., J. Manyika, and J. Woetzel, et al., "Risk, Resilience, and Rebalancing in Global Value Chains", *McKinsey Global Institute*, August 2020.

与此同时，中国与欧美产业脱钩和科技脱钩问题备受关注。世界银行前行长佐利克称，特朗普政府拒绝接受中国在国际秩序中扮演"建设性角色"的做法，可能会"促使中国支持一个有着截然不同规则的平行、独立体系"。澳大利亚前总理陆克文表示，一个完全脱钩的世界将是一个非常破坏稳定的世界。它将破坏过去40年的全球经济增长假设，预示着东西方之间铁幕的回归和核武器竞赛的开始。美国商务部数据显示，2019年美国从中国进口的商品减少16.2%、出口下降11.3%，中国不再是美国第一大贸易伙伴（第三位）。2020年受疫情和贸易战双重影响，形势更加严峻。中美产业脱钩已经向技术脱钩纵深发展，势必对中国及全球产业链布局产生深远影响。当然，中美经济不可能完全"脱钩"，但即便是个别高科技产业的"局部脱钩"也将给中国经济高质量发展造成较大冲击。如图6所示，中国企业在高铁、数字支付、电动车等行业占据90%以上的市场份额，但海外市场份额不到10%，半导体和大飞机的国内外市场份额均不高于5%，而且所有这些高科技行业都离不开全球供应链，本土化零部件供应不足，尤其是货轮、智能手机、云服务、机器人、半导体、大飞机等行业的本地零部件占比都不足50%。

中国产业链、创新链的短板问题日渐显露。麦肯锡全球研究院的一项调查表明，过去10年，全球新投

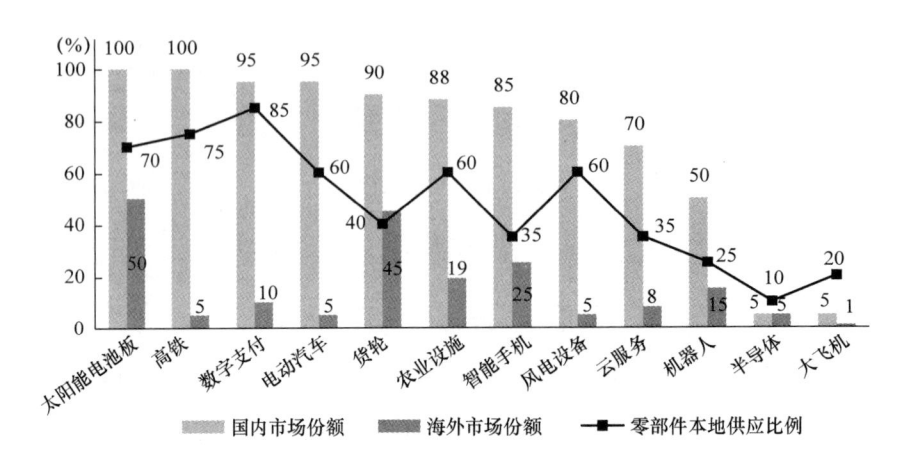

图 6　中国科技企业在海内外市场份额情况

资料来源："China and the World: Inside the Dynamics of a Changing Relationship", *McKinsey Global Institute*, July 2019.

资中，每 2 美元就有 1 美元流向了亚洲企业，这其中的一半以上是到达了中国，这使得亚洲和中国企业得以扩大规模。然而，规模和收入的增长并没有转化为更高的经济利润。亚洲企业投资利润从 2005—2007 年的 1500 亿美元下降到 2015—2017 年的亏损 2070 亿美元。其中 1/3 可以归因于资本配置到破坏价值的行业（即投资收益小于成本的行业），尤其是在中国。中国有 93% 的投资流向了破坏价值的行业，也即低附加值行业（如图 7 所示）。[①] 中国工程院的中国制造业产业链安全评估研究显示，中国制造业产业链 60.0% 左右

---

① Bradley, C., W. Choi, J. Seong, B. Stretch, O. Tonby, P. Wang, and J. Woetzel, "The Future of Asia: Decoding the Value and Performance of Corporate Asia", *McKinsey Global Institute*, June 2020.

是安全可控的，但部分产业对国外依赖程度大。其中，6类产业自主可控，占比23.0%；10类产业安全可控，占比38.5%；而2类产业对外依赖度高，占比0.77%；8类产业对外依赖度极高，占比30.8%。尤其是，光刻机（集成电路产业）、高端芯片（通信装备产业）、轴承和运行控制系统（轨道交通装备产业）、燃气轮机热部件（电力装备产业）、设计和仿真软件（飞机、汽车等产业）等产业和领域的问题，需要重点关注。如表5所示，国家制造强国建设战略咨询委员会曾经对我国产业短板进行了系统评估，所列出的一些短板环节将成为未来发展重点领域。

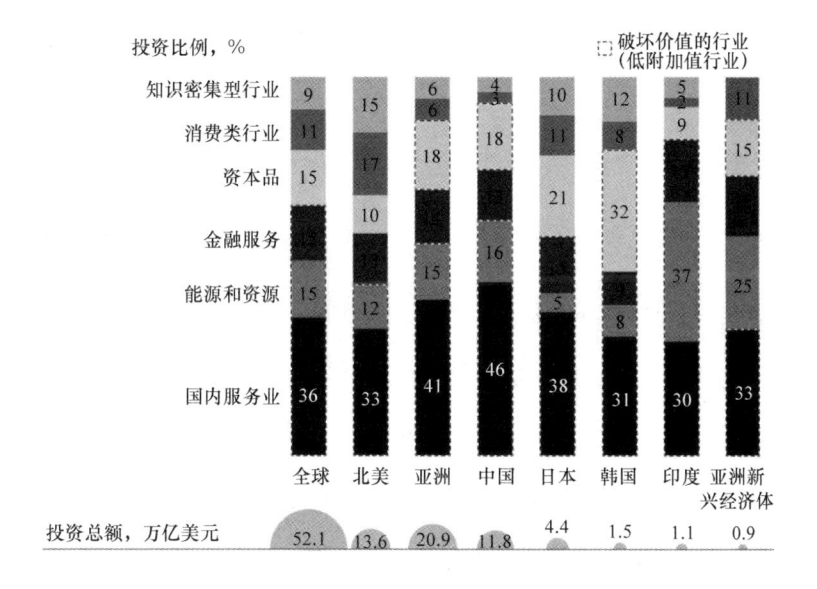

图7 中国较多投资于低价值产业环节

数据来源：Bradley, C., W. Choi, J. Seong, B. Stretch, O. Tonby, P. Wang, and J. Woetzel, "The future of Asia: Decoding the value and performance of corporate Asia", *McKinsey Global Institute*, June 2020.

表5　中国产业基础"短板"的项数　　　　　　　　　　单位：项

领域	核心基础零部件	关键基础材料	先进基础工艺	行业技术基础	合计
信息技术	48	28	5	12	93
数控机床和机器人	38	23	6	2	69
航空航天装备	27	27	17	1	72
海洋工程装备及高技术船舶	48	34	5	2	89
先进轨道交通	15	15	4	2	36
节能与新能源汽车	27	25	6	4	62
电力装备	28	31	11	2	72
农业装备	22	7	0	1	30
新材料	4	32	1	6	43
生物医药及高性能医疗器械	13	19	12	5	49
合计	270	241	67	37	615

资料来源：国家制造强国建设战略咨询委员会：《"工业四基"发展目录（2016—2020）》，2016年11月。

中共中央审时度势，提出构建"以国内大循环为主体、国内国际双循环相互促进"的新发展格局，着力加强创新链和产业链的内循环能力。双循环的核心是促进经济活动的畅通、连续。畅通包括国内各个环节、各个产业、各个部门、各个区域之间的畅通，也包括国内与国外的经济联通。既要防止低端产业链被过早切割，又要避免产业链在高端断裂，加快发展科技型产业，完善国内产业配套体系，形成替代进口的技术储备、装备储备和产品储备，确保中国产业发展协调与产业链畅通，避免产业链中断对中国经济发展造成损失，在不确定的世界中谋求中国经济发展。这在前三季度的工业和服务业增加值上已经有突出表现，即上文分析的高技术制造业和数字化服务业引领整个宏观经济复苏。

因此，面向未来，中国应进一步提高创新链和产业链水平，这将成为中国第四季度及长期经济增长的关键。尤其需要关注的是，在财政赤字已经较高的情况下，如何通过提高财政政策效率来提升创新链和产业链水平。

（三）政策建议

第一，加快工业基础产业链补短板。中国工业门类齐全。中华人民共和国成立70年来，中国工业走过了发达国家几百年的工业化历程，拥有41个工业大类、207个工业中类、666个工业小类，形成了独立完整的现代工业体系，是全世界唯一拥有联合国产业分类中全部工业门类的国家。在世界500多种主要工业产品当中，中国有220多种工业产品的产量居全球第一。[①] 然而，中国制造业产业链在一些高科技环节受制于人。Harstad（2020）研究发现，对于那些对未来投

---

① 《成就举世瞩目　发展永不止步》，《人民日报》2019年9月21日第4版。

资具有战略意义的技术、处于供应链上游的技术或具有较长成熟度的技术，应该获得更大的政策支持和投资补贴。这些政策也更容易在未来获得执行上的延续性，令当政者的施政纲领得到长期贯彻，进而提升政党和政府的认可度。

第二，提升数字技术和数字贸易。根据联合国工业发展组织发布的《2020年工业发展报告》，美国、日本、德国、中国大陆、中国台湾、法国、瑞士、英国、韩国和荷兰10大经济体占全球数字化制造技术91%的专利和70%的产品出口，中国以外的广大发展中国家所占份额极低，发达国家技术封锁趋势明显。近几个月，美国等国家封杀华为、抖音等做法越发凸显这一趋势。数字化、网络化和智能化的快速发展，改变了产品和服务的提供方式，数字贸易应运而生，迅速崛起。数字贸易的发展，不只是改变了贸易结构和贸易方式，更是对全球价值链有着深刻的影响，甚至正在成为重构全球价值链的关键力量。把握数字贸易时代全球价值链的变动轨迹，以中国为代表的新兴经济体才能把握数字贸易时代的发展机遇，采取适合本国数字贸易的发展路径，以推动实现全球价值链迈向中高端，提升未来在全球经济政治秩序中的话语权。实现从产品贸易到价值链贸易，以价值链发展和贸易模式转变增强中国产业穿透力，即便失去劳动密集优势后亦可借助生产过程和技术环节价值链比较优势，紧密镶嵌在全球供应链之中，避免不必要和有害脱钩。

第三，加强服务业的技术创新。长期以来，中国产业发展非常依赖外需和出口导向，导致制造业过大，服务业在一定程度上受抑制，导致二、三产业不协调。欧美对华实行科技封锁后，通过第二产业的技术进步带动二、三产业共同发展的路径就更难了，以市场换技术的路径越来越行不通了，必然倒逼企业加强自主研发，攻克产业发展的"卡脖子"环节。所以说，未来产业发展更加依靠自主技术创新，尤其是第三产业的技术创新。

第四，构建"三链融合"的科技服务平台。经济和产业的问题，越来越成为科技问题。产业链、价值链、供应链的问题，归根到底成了技术问题。要突破地理边界和行政边界的束缚，积极打造多尺度协同创新服务体系。可探索建立跨越边界的开放型协同创新服务平台，包括政府负责政务服务的科技服务平台，产学研中介负责面向市场的科技服务平台，大学科研院所按照政策法规和市场需求自愿组建的科技服务平台，围绕各区域产业、创新的实际情况，协同开展创新服务体系建设。

第五，加强财税支持力度。在政策设计上，加强财税、就业等支持性政策设计，着力研究分析已有扶持政策的得失，优化已有政策，出台灵活性的新政策，探寻那些以用较小成本获得更大效果的政策设计。尤其要加强财政支持，研究一次性、普惠性、差异性救助政策体系。以稳就业为重点，增加财税政策的灵活度和适用性。一是研究出台一次性救济政策。考虑更大幅度的出口退税，一定期限内降低社保费率，房地产税和城镇化土地使用税减免，提供财政补助金或帮扶基金支持。主要用于救助符合发展方向，处于创业创新期，或者临时遭遇巨大冲击，短期资金链断裂的企业。二是前瞻经济发展趋势，如果冲击过大，形成系统性大衰退，短期内财税政策与经济的良性循环机制被破坏，将无法起到作用。而要从税率、课税范围、纳税人等税制主要方面，研究重大普惠性或行业性优惠政策。比如针对明显遭受巨大损失的旅游、餐饮、住宿、文体等，出台行业性政策。深入评估经济和财税互动关系、税收减免和政策优惠效果。三是增加政策的柔性空间。

第六，权衡财政力度，控制地方债风险。在扩大财政政策力度，提高赤字率和地方债，让财政政策更加积极有为的同时，还需注意到我国财政紧平衡问题日益凸显的事实。财政收入低增长和高企的地方债务并存，是当前选择进一步财政刺激措施时必须考量的因素。因此，地方债发行前需谨慎评估，对于潜在风险较大的地区严控发债金额。加大疫情地区地方专项债发行，采取税收优惠或减免等方式降低疫情相关企业的生产运营成本和融资成本，推动经济民生事业健康发展。

第七，优化支出结构，提高财政资金使用效率。财政政策的实施应更加精准，节省不必要开支，集中资金投向就业、民生、疫情防控、数字基础设施等领域，不是大水漫灌。对2019年及以前年度的各类结转结余资金，予以清理收回，优先统筹用于疫情防控、"六稳"和企业复工复产相关项目上。创新财政手段，通过特别国债、消费券等对特定领域、特定行业、特定企业、特定群体进行精准扶持。通过财政支出结构的调整，推动稳增长和社会治理水平攀升良性循环。围绕提高资金使用效益切实用好资金。一方面，督促指导各地加快中央预算内投资计划执行和项目建设进度，尽快形成实物工作量；督促地方政府加快专项债券发行使用进度，尽快发挥专项债券效益。另一方面，组织做好2021年中央预算内投资计划编制工作，及早谋划做好2021年专项债券项目准备工作。

第八，守住供给侧结构性改革底线，避免出现产能过剩等老问题。2008年的"四万亿"政策和"十大产业振兴规划"都起到了较好的稳增长促就业作用，但也在一定程度上加剧了产能过剩等问题。党的十九大之后，中国进入了经济高质量发展阶段，尽管当前遇到了疫情冲击，但需将刺激计划嵌入供给侧结构性改革中，避免因一时的发展影响长期的改革大局。新基建不是简单的基础设施建设，而是与产业化应用协调推进，既能增强基建稳增长的传统属性，又可以助推创新和拓展新消费、新制造、新服务。所以，一定要严控投资走向，落后的、淘汰的、过剩的、低效的、污染的项目，一律不得放宽条件，不能违规审批。

第九，大幅降低中间品进口关税，稳定全球供应链核心地位。中国外贸结构里面，中间品贸易占进口比重长期保持在60%—70%，占出口比重也在40%以上。美国、德国、法国等国家在机械设备、汽车与船舶制造、发电设备、航空航天、精密仪器、医疗器械、医药化工等领域处于中国产业链上游，是一些重要原材料和零部件的供应来源地（李雪松等，2020）。张茉楠（2020）认为，中国自欧盟零部件进口依赖度最高，为8%，随后是日本，为7%，再就是美国，为6%。中国作为全球最大的中间品贸易大国，降低中间品进口关税对"稳外贸""稳外资"和"稳就业"等都具有重要意义。特别是在电子、计算机、通信设备等知识密集型，以及汽车、机械制造等资本密集型的产品已成为中国中间品贸易大户的背景下，亟须大幅降低中间品关税，可考虑在海南自贸港和上海自贸区范围内适当提升中间品零关税商品比重。以进口带出口、吸引外资流入、增强产业竞争力、稳固并增强中国在全球产业链的核心地位。鼓励各地建设中试基地，利用中国的超大市场规模吸引外资，稳住中间产品供应，抢占先进技术使用权。

第十，更好地参与国际产业分工。美国对中国的合作态度已出现根本性扭转，不论特朗普是否连任，中美合作前景都不容乐观，5G等核心技术、芯片等关键产品都将加速"脱钩"。鼓励中国企业参与制定数字技术多边标准的议程，通过"一带一路"倡议、中非合作论坛等途径加快中方技术在印度、非洲等新兴和发展中国家的应用推广。稳住美资企业，尽量提升美资企业在我国的投资项目数量和资金额，并重点扩大美资企业在高科技领域的合作。加强与欧洲的合作，引入英国国际教育体系，鼓励企业和个人参与欧洲地平线研发项目，加大与德国无人驾驶和电动汽车领域合作。鼓励企业与境外研究机构建立合作伙伴关系，组建产学研跨境创新协同网络。建立对外投资联盟，整合企业在信息获取、销售渠道等的资源，推动企业"抱团出海"。支持外资企业参与科技创新，利用国外先进技术、人才和理念，提升企业创新能力。

（执笔人：闫坤、刘诚）

疫情再暴发期的中美经济调整与宏观政策互动

（2020年第四季度）

2020年第四季度，新冠肺炎疫情总体进入第二轮暴发期。从美国的情况来看，12月份每日新增的感染人数均超过了10万人，全月新增感染人数达到610万人；而欧洲在12月份每日的新增感染人数也在10万人左右，全月新增感染人数接近400万人。东亚地区的总体形势好于欧美，但也出现了疫情反弹的情况，日本在12月份每日新增感染人数超过1000人，全月新增感染人数超过12万人；韩国12月新增感染人数超过1万人；疫情控制最好的中国12月全月的新增感染人数也超过了3000人。① 但与疫情暴发第一轮情况不同的是，各国对新冠肺炎疫情的应对及反应总体正

---

① 本处数据为总新增确诊人数，其范围是包括外国输入新增感染人员，但不包括无症状感染者部分。

常，并未出现严重的恐慌性的情况，经济和社会端也没有采取极端的控制政策，各项产业发展指标和经济运行指标总体正常。特别是中美两国的情况更加值得关注，两个国家在保持相关经济指标回暖（中国应为复苏更加确切）的同时，宏观经济政策的取向却是相反的。中国的主要宏观经济政策向常态化回归，保持扩张性的目的只是让经济增长的基础"更加牢固"；美国则在启动了9000亿美元纾困计划的同时，又酝酿启动新一轮的1.9万亿美元的经济救助计划，政策扩张仍是对冲性的、反危机性的。这说明，中国经济总体企稳，并开启疫后增长阶段；而美国经济仍在谷底徘徊，尽管经济韧性较好，但上升的内生动力明显不足，主要靠外部力量拉升。

一 美国经济仍有较强韧性，新一轮纾困政策效力可期

2020年第四季度，美国经济运行虽总体弱于第三季度，但超过了10月份市场的普遍预期。美联储在10月份的预测值为 -3.7%，而12月份的预测值为 -2.4%；高盛也将预测值由 -3.5% 调高到 -1.8%，说明美国经济总体韧性良好，企业产出能力和市场需求潜力都具有较大的空间。随着新增就业速度的减缓

和初次申领救济金人数的增加，为防止家庭资产负债表的恶化从而导致总需求下降和加速处置资产而导致全社会总信用水平不足，美国启动了新一轮的纾困政策。从目前来看，政策目标的实现情况良好，消费者信心保持稳定，制造业持续复苏，房地产投资保持扩张，居民杠杆仍处于合理区间。以此为基础，预测和分析拜登政府新一轮救助计划，就具有了良好的经济运行数据支撑和政策作用的针对性判断。

（一）美国第四季度经济韧性较好，宏观指标开始形成筑底

2020 年第四季度，美国正在经历较 3—5 月更为严重的疫情侵扰，但与年初的情况不同，到目前为止美国尚未出现全社会性的恐慌，医疗资源和装备的配置和使用情况也明显好于年初，大多数城市并未采取极端的防控措施，企业经营和市场供给情况保持相对稳定，全球产业链供应链也基本正常。在经济基本面的支撑下，美国大多数宏观经济指标开始形成筑底，虽不能消除再度恶化的风险，但总算稳定了国内的消费信心和投资信心。具体经济运行情况如下。

1. 经济增速总体趋稳，就业情况小幅改善

根据美联储在 12 月的预测，美国第四季度的经济增速总体保持在 -2.4% 的年化水平；高盛则更高一

些，达到 -1.8% 的年化增速。总体来看，美国季调后的季度经济增速（年化值）如图 1 所示。

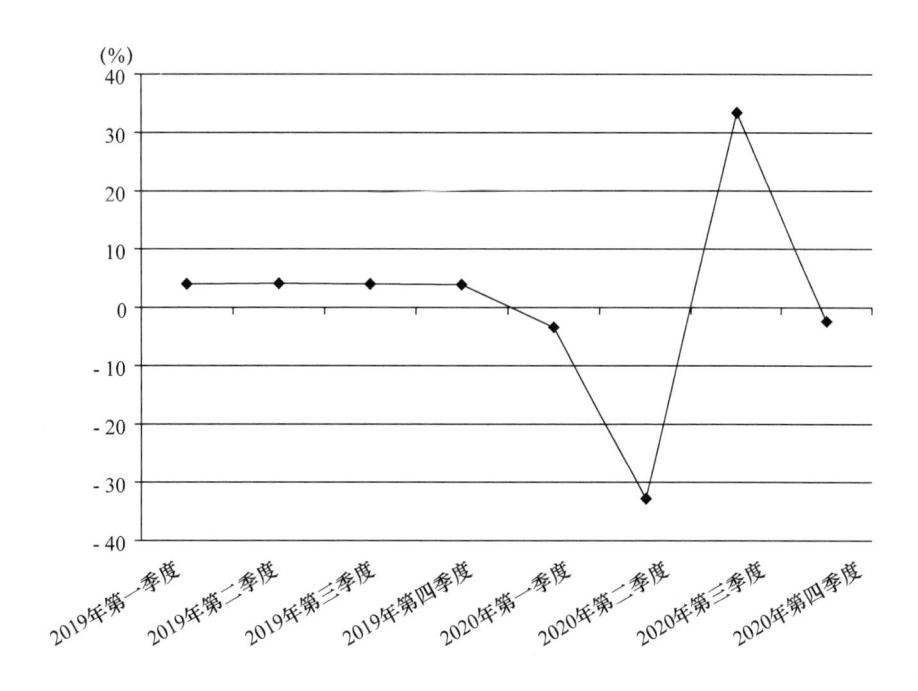

图 1 2019 年以来美国经济增速的基本情况

资料来源：美国经济分析局（BEA）。

随着美国总体经济形势的稳定，非农就业情况也得到了一定程度的支撑，美国失业率水平小幅下降，但就业参与率明显不足，就业水平的恢复将是一个较长期的过程，预计要到 2023 年才有望恢复到疫情前的水平。具体如图 2 所示。

2. 总需求水平保持稳定，增长动力结构总体正常

消费需求仍是美国总需求的最主要的部分，从第四季度的情况来看，美国最终消费规模仍保持有序增

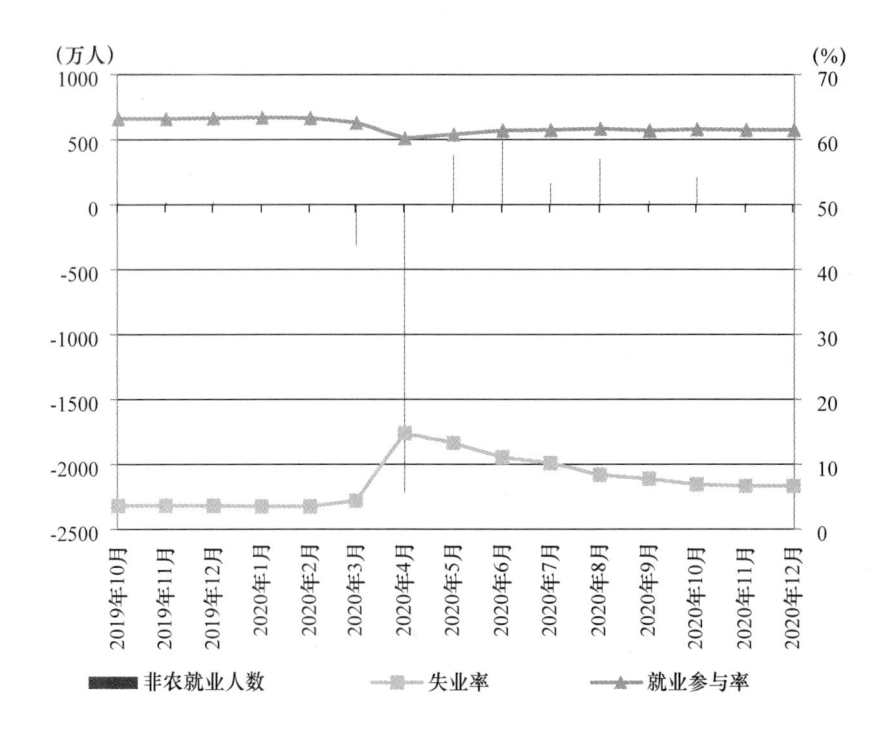

图 2　2019 年四季度以来美国月度就业情况

资料来源：美国劳工统计局（BLS）。

长，考虑到美国的总体失业水平，消费的稳定主要来自美国纾困计划的支持，从这一点看，政策效力还是达到了预期目标的。2019 年 12 月以来，美国消费数据总体情况如图 3 所示：尽管消费规模保持稳定，甚至较疫情前略有增长，但从消费者信心指数来看（如图 4 所示），远未恢复到危机前的水平。美国在政策上务必做到从扩张性到引导性、从引导性再到内生性的相关管理工作。

美国投资潜力很大，既体现在固定资产投资上，又体现在存货投资上。从固定资产投资看，房地产投

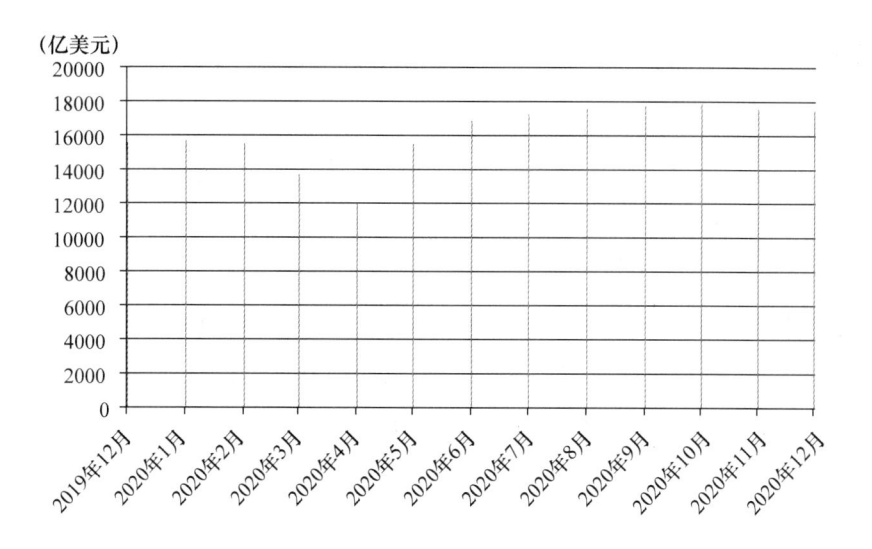

图 3　2019 年 12 月以来的美国消费数据

资料来源：美国经济分析局（BEA）。

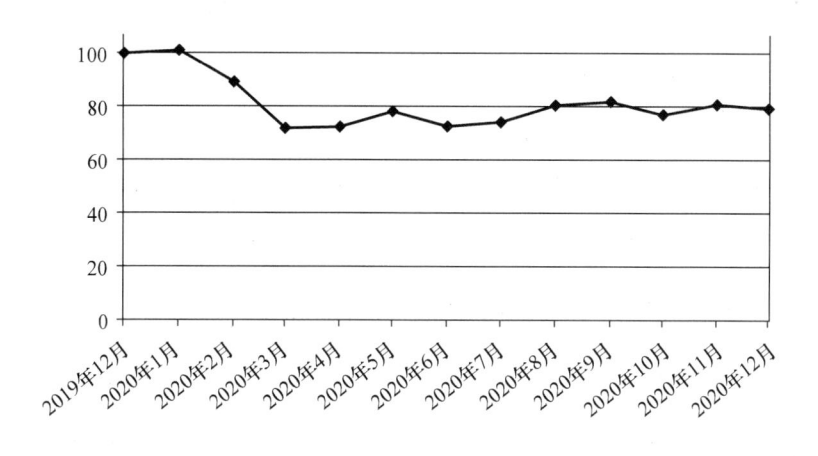

图 4　2019 年 12 月以来的消费者信心指数

数据来源：密歇根大学数据库。

资在 2020 年第四季度和 2021 年全年都将是重要亮点。2020 年 5 月以来，美国出现了明显的地产销售热，从 7 月开始，美国出现了连续 4 个月新屋销售量保持在

30%以上，而11月、12月尽管没有达到30%，但也维持在接近30%的水平上。值得关注的是，美国房地产的销售结构和对居民杠杆的影响，短期内美国并无明显的房地产泡沫隐忧，房地产的投资周期可以持续相对较长的时间。首先，目前美国的房地产热并没有引发不同售价新屋销售比例发生明显变化，从增速来看，25万美元以下的新屋销售增速小幅下降，而50万美元以上的新屋销售增速为正，这匹配正常情况下的房地产市场销售结构。其次，美国居民杠杆率①水平达到76.2%，较疫情前的75.9%略有上升，但综合考虑GDP规模的减少，上述波动属于正常的范围，且远达不到次贷危机前的98%左右的水平。另外，从全社会杠杆率来看，重要的衡量指标"私人非金融部门信贷/GDP的缺口"在2%—10%属于正常，目前美国的水平在-2%左右，总体尚未进入观测评价区间。

从存货投资看，制造业企业总体完成了去库存阶段的相关工作，随着市场需求形势的稳定和逐步回暖，制造业企业回补库存的安排将推动存货投资快速扩张。从投资者信心指数（sentix）来看，11月的指数值为4.8，这是2020年4月以来，该指数的首次转正；12月，该指数进一步回升到9.1，表明美国制造业总体处于扩张阶段，且上升态势良好。

---

① 即美国居民债务余额与GDP现价值的比值。

从对外贸易的情况来看，经过 3 月至 5 月的供应链冲击后的着力修复，美国货物贸易的出口能力已经得到了基本稳定（月度出口规模较疫情前仍相差 100 亿美元左右），但服务贸易出口能力受到要素特别是自然人流动的限制，尚未形成有限复苏。具体情况如图 5 所示。

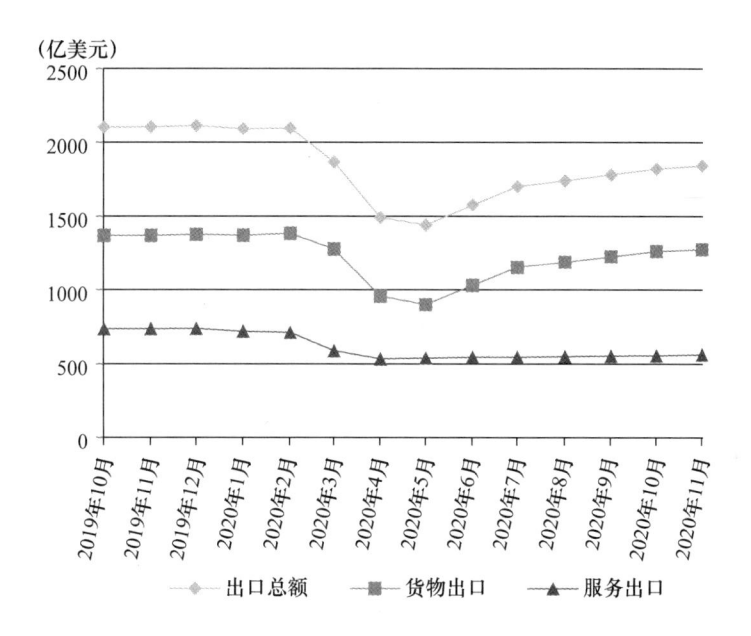

图 5　2019 年 10 月至 2020 年 11 月美国出口情况

资料来源：美国经济分析局（BEA）。

3. 产业恢复状况良好，资产价格仍可获得基本面的支撑

从先行指标来看，无论是制造业 PMI 还是非制造业 PMI 在 2020 年 6 月后均呈现出扩张的态势，而第四季度继续延续了这种扩张，经济总体形势进一步回暖。具体如图 6 所示。

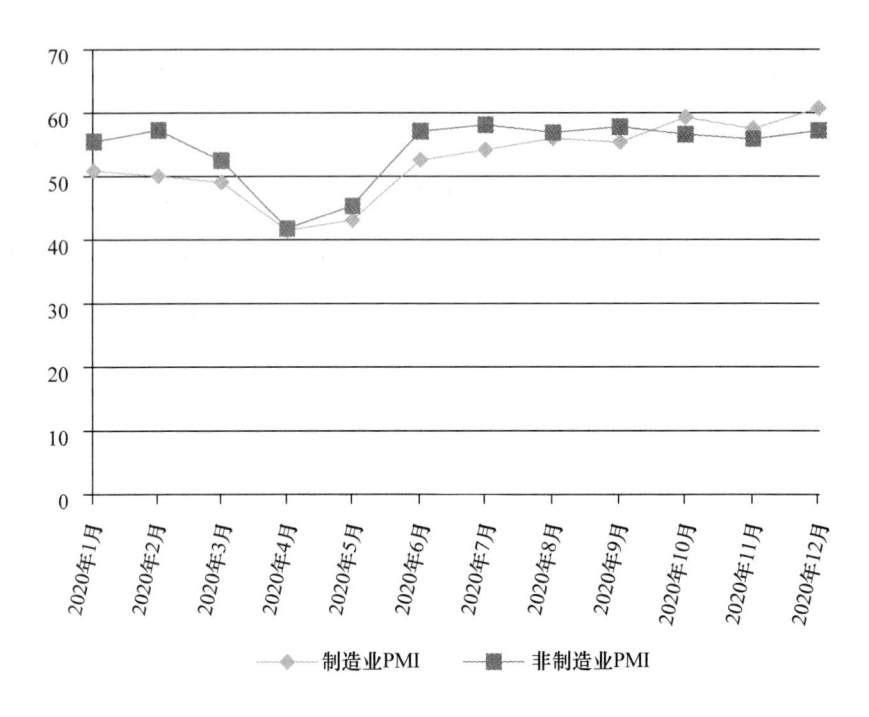

图 6 2020 年美国经济先行指标汇总

数据来源：美国供应管理协会（ISM）数据库。

从季度数据看，除与人员流动和接触服务相关的产业外，其他产业恢复的情况较好，总体达到了危机前的水平，为美国的就业增长、经济复苏和宏观经济指标的改善创造了条件。美国产业的发展情况如表 1 所示。

表 1   2019 年第三季度以来产业增加值（年化值）情况   单位：亿美元

时间 产业	2019 年 第三季度	2019 年 第四季度	2020 年 第一季度	2020 年 第二季度	2020 年 第三季度
建筑业	8977	9055	9146	8537	8995
制造业	23487	23701	23463	20537	23291
运输物流业	7036	7100	6860	5202	5785
信息业	11370	11561	11568	11157	11752

续表

时间 产业	2019年 第三季度	2019年 第四季度	2020年 第一季度	2020年 第二季度	2020年 第三季度
金融房地产业	45579	46155	46075	45647	47022
专业服务业	27276	27539	27517	25249	26741
零售业	11732	11803	11807	11021	12592
教育卫生救助	18754	18984	18810	16195	18509
娱乐餐饮住宿	9160	9234	8634	4763	6831

注：由于增加值按季度公布，本处为美国最新统计值，第四季度的值需要1月31日由美国经济分析局公布。

资料来源：美国经济分析局（BEA）。

从表1中可以看出，美国相关产业在2020年第二季度均表现出明显回落的情况，但第三季度除运输物流业、娱乐餐饮住宿业外均得到了较好的恢复，其中许多产业达到甚至超过了疫情冲击前的水平。

与产业增加值上升相匹配的是美国企业利润的情况。我们将美国企业的利润分为两个部分，一个是美国企业的总利润，另一个是剔除了海外市场以后，美国企业在国内市场获得的利润情况。以此为基础，形成表2所示的情形。

表2　2019年第三季度以来美国企业的利润情况（亿美元）

时间	2019年 第三季度	2019年 第四季度	2020年 第一季度	2020年 第二季度	2020年 第三季度
美企利润	22465	23113	20350	18261	23257
美企国内利润	17319	17906	15619	14225	18908

资料来源：美国经济分析局（BEA）。

根据表2，美国企业增加值的上升拥有良好的利润基础，总体上说明美国企业复苏的较高质量、良好市场效益和对资产价值的有效支撑能力。从这一点说，美国企业产出的扩张，带动生产性固定资产收益率的提高，从而对美国债市起到了积极的稳定作用，并支持了美国股市等权益类资产价格的全面回暖。

4. 美国金融市场运行较为平稳，资源调动仍有空间

储蓄水平的高低是美国进行投资的潜力空间所在，尤其是私人储蓄水平的稳定和增长，对于市场投资能力的提升作用和意义重大。从美国当前的总储蓄规模和净储蓄规模来看，均较疫情发生前有明显的下降，甚至在政府大规模举债的背景下，将2020年第二季度和第三季度的净储蓄水平降成了负值，但私人储蓄却保持明显增长，为家庭和企业在未来的投资扩张奠定了良好的基础，有利于金融和房地产市场的持续稳定。美国储蓄水平的情况如表3所示：

表3　　　2019年第三季度以来美国储蓄水平情况（亿美元）

时间	2019年第三季度	2019年第四季度	2020年第一季度	2020年第二季度	2020年第三季度
总储蓄	39349	40436	41508	33621	34863
净储蓄	4916	5691	6418	-1723	-860
私人储蓄	17955	18465	19953	49957	35082

资料来源：美联储数据库（FED）。

受到私人储蓄特别是中小企业储蓄快速上升的影响，美国货币市场的结构也出现了显著变化，M1的规模迅速扩大，其中活期存款和其他结构性存款的规模和增速显著加快。这种货币结构带有较明显的企业投资转化能力和家庭消费提升能力，但也对货币政策的正常运行带来了影响，如果上述的储蓄增量主要来自美联储的基础货币供给，美联储必须要考虑资金的实体经济投资转化能力和消费对供给的支撑能力，如果相关通道不畅，极其容易引发资产泡沫或通货膨胀风险。美国M1构成结构的变化情况如图7所示。

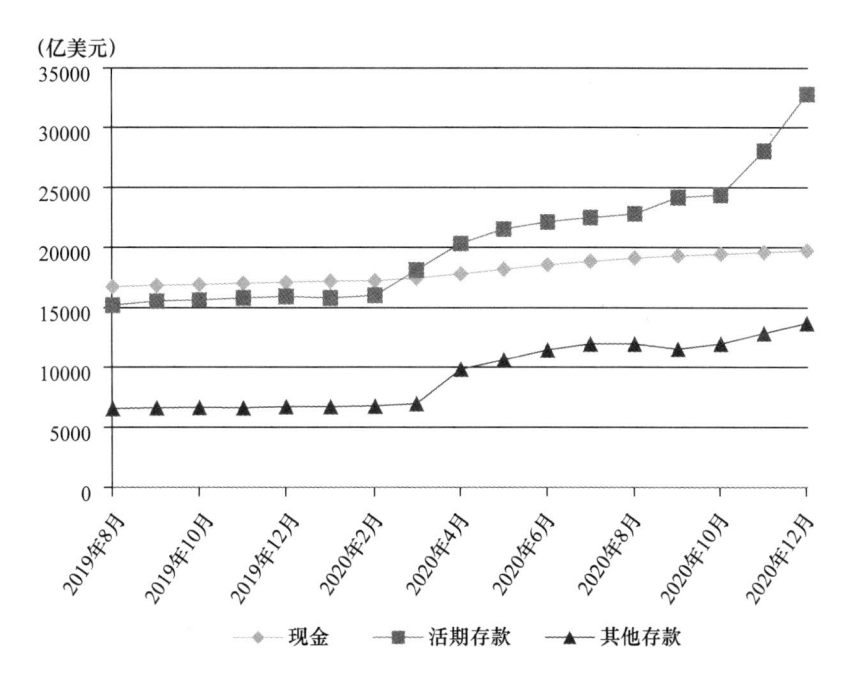

图7 2019年8月至2020年12月美国M1构成结构的变化

资料来源：美联储数据库（FED）。

根据图7，在2020年3月以前，美国M1的构成结构是比较稳定的，现金与活期存款、其他存款保持相对固定的比例和相对稳定的增速。而2020年4月以来，两项存款的规模和增速明显超过了同期的现金变化，说明诱导两项存款的变化因素是外生的，主要与美联储的新增货币供给相关。

此外，正如前面对储蓄分析所提到的，美国目前家庭和企业资产负债表均保持稳定，债务风险处于可控范围，甚至并未有任何上升。这一结论在美国家庭投资的利息收入和支出的比较上更为直接和明显。具体如表4所示。

表4　2020年美国家庭利息收入、支出与比值情况统计

项目	利息收入（亿美元）	利息支出（亿美元）	收入/支出
1月	16970	3657	4.64
2月	16885	3629	4.65
3月	16798	3601	4.66
4月	16710	3359	4.97
5月	16540	3036	5.45
6月	16370	2860	5.72
7月	16199	2684	6.04
8月	16284	2778	5.86
9月	16191	2872	5.64
10月	16118	2966	5.43
11月	16179	2929	5.52
12月	16219	2892	5.61

资料来源：美国劳工统计局（BLS）。

根据表4，受到美联储快速降低利率水平的影响，美国家庭在疫情后的利息支出较疫情前出现了明显的下降，在利息收入没有明显变化的情况下，收入／支出比迅速改善。从表中数据看，美国家庭尚未受到债务风险和压力的侵扰。

（二）美国的宏观经济政策及运行环境分析

2020年第四季度，为应对疫情的反弹和冲击，稳住美国经济的基本面，并维护家庭和企业资产负债表的总体稳定，美国在财政政策和货币金融政策上都出现了一定程度的调整，我们将其政策逻辑、框架和环境归纳如下，并以此对拜登政府的经济救助政策的空间和环境进行预测分析。

1. 特朗普政府新一轮财政纾困政策

2020年12月27日，特朗普政府通过与国会的多次协商，终于通过了总规模为9000美元的疫情纾困法案，成为维护美国在2020年末2021年初经济社会基本稳定的核心政策。根据该法案，美国政府将执行以下五条主要政策。

第一，家庭收入援助计划。对于年收入低于7.5万美元的单身主体或夫妻年收入低于15万美元的家庭，每个成年人将发放600美元的收入补助，如果年收入高于上述标准，年收入越高，补助金的额度就越低。

第二，儿童补助金。每个受抚养的儿童可申请领取600美元的补助金，每个家庭最多可有两个儿童申请该笔补助金。无论怎样，每个家庭的补助金的上限额度是2400美元。

第三，联邦失业补助金。符合条件的失业人员在领取本州300美元/周的失业保险金的同时，可申请领取联邦政府的失业补助金300美元/周。这样，在2021年3月14日以前，失业人员每个月可领取联邦失业补助金1200—1500美元。

第四，中小企业薪资保护计划（PPP）。在纾困方案中，继续针对中小企业实施薪资保护计划，本次计划方案的总规模为2840亿美元，通过委托第三方中立机构作为审核发放主体的方式，重点针对少数族裔、妇女创办的中小企业提供支持。

第五，日落条款。根据纾困计划，为防止"僵尸企业"占用过多的社会资源和救助资金，本轮不再向企业因疫情而导致的诉论提供保护；同样，为推动州及地方政府的财政政策回归常态化，并有效发挥其效率和效力，不再向州和地方政府提供债务和收入保护。

从政策方向上看，纾困政策在进一步维护家庭资产负债表和稳定中小企业运营的同时，对市场开始加大结构性调控的力度，并避免州和地方政府的道德风险和信用滥用。政策的取向虽不一致，但各自目标清晰、手段直接、协调统一，这一模式在理念和框架上都与中国政府在2020年第四季度以来的宏观治理手段有一定的趋同性。

2. 美国财政运行的基本情况与未来政策环境分析

至2020财年（2019年10月1日至2020年9月30日）末，美国政府预算赤字约3.1万亿美元，占GDP的16.1%，创1945年以来的新高；联邦债务余额21万亿美元以上，占GDP的比重达到102%，间隔70多年政府债务余额再度超过GDP。而从第四季度（即美国2021财年的首季）的运行情况来看，财政赤字规模同比上涨61%，达到5729亿美元，仍保持着较大的规模和较高的增速。这种赤字水平和债务余额占比均说明美国的财政政策空间受到了明显的压缩，未来进一步扩张财政支出规模的能力整体受限。尽管2021财年还会出台拜登政府的救助计划，但无论是规模大小、持续时间还是覆盖领域都会出现较为明显的收缩。

但值得关注的是，虽然美国政府债务压力急剧上升，甚至突破历史极值，进入高风险区间，但美国财政运行状况总体稳定。美国联邦税制主要是企业所得税和个人所得税，在2020年7月以来，随着美国在经济管控上的放松，企业开工率的提高和就业状况的改善，美国联邦财政收入状况快速恢复，与经济基本面保持高度一致,为美国财政政策的结构调整和动态转换提供了空间和条件。

表5为2020年美国联邦政府财政统计数据。

表5　　2020年美国联邦政府财政统计数据　　单位:亿美元;%

时间	财政收入 规模	财政收入 增速	财政支出 规模	财政支出 增速	政府赤字 规模	政府赤字 增速
2019.12	3358	7.43	3491	7.04	133	-1.87
2020.1	3723	9.50	4049	22.21	326	475.48
2020.2	1880	12.37	4232	5.48	2353	0.56
2020.3	2368	3.48	3558	-5.32	1190	-19.03
2020.4	2419	-54.84	9799	161.14	7380	560.39
2020.5	1739	-25.08	5726	30.19	3988	91.92
2020.6	2408	-27.89	11049	222.67	8641	10093.16
2020.7	5635	124.19	6265	68.84	630	-47.37
2020.8	2232	-2.08	4232	-1.19	2000	-0.17
2020.9	3732	-0.24	4978	70.89	1246	250.55
2020.10	2377	-3.19	5218	37.31	2841	111.26
2020.11	2196	-2.50	3648	-15.94	1453	-30.44
2020.12	3461	3.07	4897	40.77	1436	980.55

资料来源:美国财政部数据库(DOT)。

这种财政收入的基本情况将为拜登政府实施新一轮的财政政策扩张创造相对有利的条件。即拜登政府在扩大财政支出的同时,将会带来良好的财政收入增长的正反馈,从而适度缩小收支缺口,控制债务的总体规模，形成联邦债务规模和增速环比下降的局面。

3. 美联储货币政策虽然保持稳定，但隐有收缩之意

2020年12月，美联储议息会议决定继续保持联邦基金利率水平维持在0—0.25%之间，直至通货膨胀率达到2%或者重新回到充分就业区间（4.5%—5.5%）。从美国的经济形势、就业增长和货币政策常态化的进程来看，预期美联储将保持现行利率水平直至2022年末或2023年初。预计2021年美国经济将转入恢复阶段，失业率降至6%左右，而就业参与率上升至63%左右；2022年美国经济的增长进一步稳定，就业参与率提高不大，而失业率将降至5%左右，受经济持续回暖的刺激，大宗商品价格开始上升，通胀水平也将达到或超过2%的控制线，加息的条件基本具备。

从货币政策正常化的进程来看，美国应该是重复金融危机后的退出模式，即先减少购债规模，再启动加息安排，最后实施缩表回归常态，这种进程也决定了，在2021年至2022年上半年，无论美国经济形势好转程度如何，这个时期的美联储控制货币增量是最为重要的，而不是提高资金成本，影响正在复苏中的企业生产经营和投资决策。据此，我们认为，美联储将在2021年底2022年初减少并逐步停止购买国债，从而改变市场对货币供给的预期。

4. 美国金融运行正常，货币政策空间较好

从美国的基础货币供给情况来看，与中国的情况不同，由于美联储前期采取了缩表措施，导致其拥有良好的基础货币投放空间，另外，受到美国金融市场的高度有效性和传导性的影响，也不宜采用降低法定存款准备金的方式来扩张市场流动性的供给。因此，美联储采取了大规模扩张基础货币的方式来增加市场流动性的供给量，并降低国债融资成本，引导市场利率中枢下行。具体如图8和表6所示。

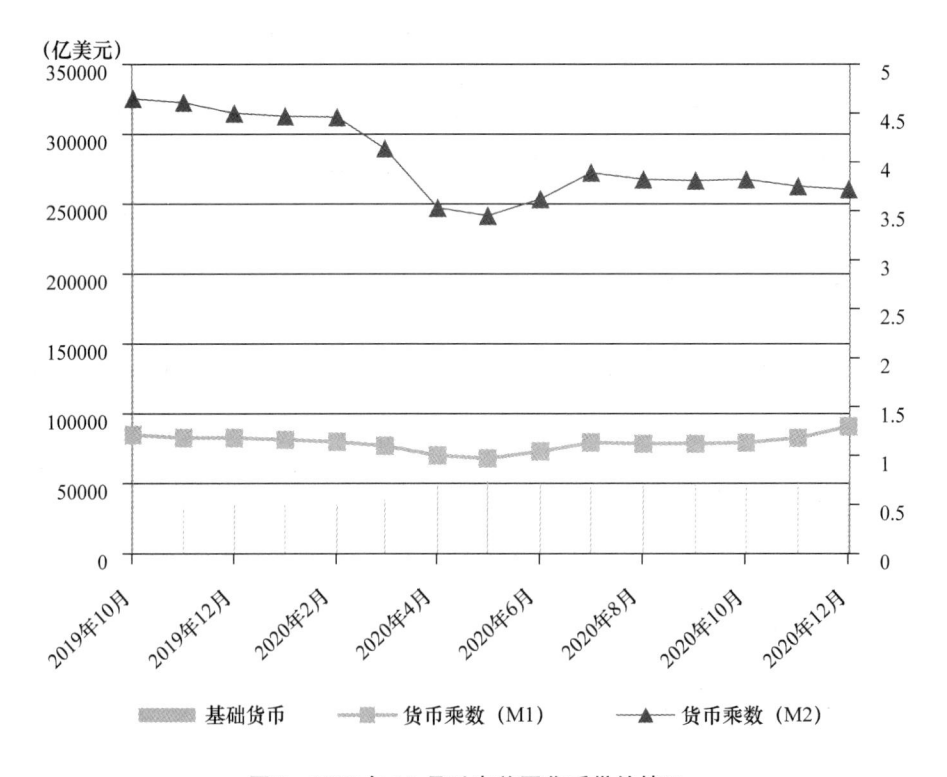

图8　2019年10月以来美国货币供给情况

资料来源：美联储数据库（FED）。

表6 美国联邦基金利率和贴现利率情况（%）

时间 项目	2019.8.1	2019.9.19	2019.10.31	2020.3.3	2020.3.15
联邦基金利率	2.25	2	1.75	1.25	0.25
贴现利率	2.75	2.5	2.25	1.75	0.25

资料来源：美联储数据库（FED）。

根据上述图表，7月以来美国M1计算的货币乘数得到了良好的恢复，说明美国实体经济端和居民消费端正在向正常状态回归，考虑到基础货币规模已经较疫情冲击前扩大了1.76万亿美元，上述M1释放出来的投资和消费潜力可以持续较长的时间，对美国实体经济的恢复发展形成支撑。而从M2计算的货币乘数来看，四季度的货币乘数水平仅有3.75左右，较疫情冲击前的4.5左右增长0.75（约合4万亿美元）的流动性空间。这一流动性的自生能力，可以在不扩大债券购买计划的前提下，就能够较好地保障拜登政府的国债发行需要。因此，在综合考虑美联储仍将持续一年左右的债券购买计划和良好的M2的提升空间的情况下，预期2021年全年美国联邦基金利率都将保持在0—0.25%的历史低位，且贴现利率仅会缓慢上升至0.5%左右的水平（考虑到购债计划可能缩减）。这一利率走势将降低长期国债的流动性，提高长期国债的收益率，从而抑制杠杆的叠加和滚动，避免在经济复苏期产生过大的资产泡沫，扭曲金融资源的配置结构。

根据前述分析，预期拜登政府在2021年要执行的1.9万亿美元的救助计划并不存在明显的风险限制或是政策边界的约束，并预计在2021年第一季度获得国会的批准。对于拜登政府的救助计划的内容及实施方案，我们将在2021年第一季度的分析报告中涉及，本处仅进行空间和环境分析。

二 中国宏观经济形势全面好转，结构性问题仍较为复杂

2020年第四季度，在疫情防控常态化措施的保障和支持下，尽管受到了部分散状疫情的袭扰，但宏观经济整体延续了第二季度以来的复苏态势，各项经济指标继续回升、回暖，季度经济增速达到6.5%，已恢复到常态化的水平。在经济复苏回暖的背后，仍存在较为严重的结构性问题和矛盾，突出表现在企业利润水平和资产溢价情况有失衡，居民消费和收入水平分布的关系不匹配，储蓄和消费、投资的关系不协调等方面，导致了中国经济复杂的基础不够稳固，仍需要保持适当的政策支持力度，提升经济复苏的质量。

从宏观经济指标来看，第四季度的经济运行进一步回暖、回稳，各项经济指标均呈明显好转趋势，从

而成为全球最受瞩目的国家。在支撑经济复苏的力量中，既有市场内生性的动力，也有政策外部性的支撑，结合要素效用的发挥和市场效力的改善，形成了协调一致的合力。

（一）GDP增速逐季加快，就业拉升政策效应明显

2020年，中国GDP总量为101.6万亿元（现价核算），增速为2.3%（不变价核算）。从总量来看，GDP首次跨过100万亿元的关口，上了一个新的台阶，约合14.7万亿美元，约占全球经济总量的17%，为美国经济总量的70%左右，全球第二经济大国的地位进一步稳固。从增速上看，2020年的经济增速是逐季提高的，到第四季度已超过2019年第四季度增速0.5个百分点，恢复到正常增长甚至略微偏快的水平（因为有扩张性政策的拉动）。具体如图9所示。

在经济增长的同时，中国的新增就业规模也在快速扩大。2020年的新增就业的计划指标是900万人，而全年共实现了1186万人就业，超过预计值31.8%。从GDP的增速与新增就业人数的关系来看，2020年1%的GDP增长带动的新增就业人数为516万人，2019年的水平仅为222万人，就业承载力提高132%显然是政策拉动的结果。考虑到这一问题，建议在2021年将新增就业规模定为1000万左右较为合理，调

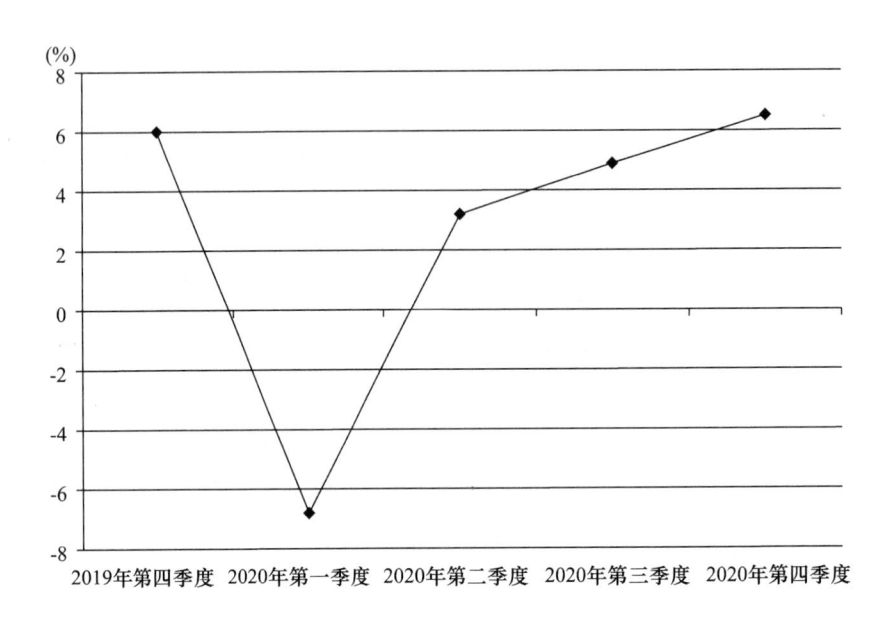

图 9 中国 GDP 季度增速情况

数据来源：国家统计局数据库。

查失业率仍按6%设计，要全面考虑市场对政策扩张效果的逐步吸收的时间和空间。

（二）经济增长动力结构较协调，消费低速增长须全力化解

2020 年，从总需求的构成结构上看，消费、投资和出口分别构成支撑经济发展的动力来源。其中，最终消费的规模仍然占到 GDP 的 54.3% 左右，而资本形成总额也占到 GDP 的 43.1%，净出口的规模占 GDP 的 2.6%，"三驾马车"对GDP的贡献率均为正值，而且以内需为主体，消费为基础，投资为重要的拉动

力量。

受到疫情和家庭资产负债表压力的影响，2020年的消费增长总体乏力，全年社会消费品零售总额39.2万亿元，同比下降3.9%，未能像另外"两驾马车"一样恢复正增长状态。从社会消费品零售总额的逐季增长情况来看，呈现出增速逐步上升，且边际增速持续上升的"双上升"良好局面。具体如图10所示。

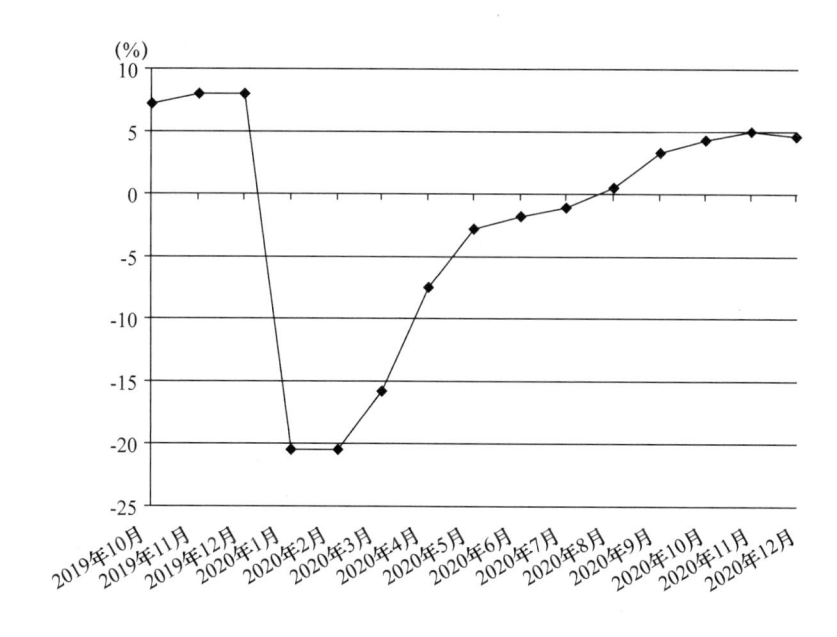

图10 2019年第四季度以来中国月度社会消费品零售总额增速

资料来源：国家统计局数据库。

值得关注的是中国消费增长的空间受到挤压，整体消费提升能力有限。2020年，中国居民可支配收入的规模为32189元，名义增速为4.7%；而居民人均消费支出为21210元，同比下降1.6%，这样中国居民的平均消费倾向是66%，较2019年下降6%左右。而分城市和农村看，2020年城镇居民的人均可支配收入43834元，同比名义增长3.5%，而城镇人均消费支出达到27007元，同比增长-3.8%，城镇居民的平均消费倾向是61.6%，较2019年下降7%；农村居民的人均可支配收入为17131元，同比增长6.9%，而农村人均消费支出为13713元，同比增长2.9%，我国农村居民的平均消费倾向是80%，较2019年下降4%左右。从上述结构性数据来看，农村居民的新增消费空间的扩大只能依赖于收入的持续增长和整体消费升级，否则直接扩大消费比例和规模的空间不大；城镇居民的平均消费倾向显著低于农村，且降幅最大，这既与城镇居民的消费结构升级放缓有关，也与城镇居民的债务负量较重相关。如果不从根本上解决城镇居民的安居和债务问题，上述消费阻力将影响国家"畅通国内经济大循环"的目标和布局，给国家战略意图和目标的实现带来显著的障碍。

固定资产投资作为资本形成总额的主体来源，2020年的规模达到51.9万亿元，同比增长2.9%，增长情况良好。但从结构上看，固定资产投资仍存在明显的不足：工业投资增速只有0.1%，基本属于持平状态，其中制造业固定资产投资增速只有-2.2%，与央行测算的制造业企业固定资产投资贷款（中长期贷款）增速达到35.2%左右的增速极不匹配；基础设施投资也仅为0.9%，这一增速与政府在基础设施建设端的投资增长也并不匹配，2020年政府在基础设施建设上的投资总量大约增长了80%的规模是极不匹配的，打破刚性兑付的背景下，政府投资的撬动能力有所下降（或是主动引导下降）；房地产投资特别是住宅投资成了固定资产投资的重要亮点，全年投资规模达到14.1万亿元（其中住宅10.4万亿元，占比约74%），增速为7%（其中住宅为7.6%），全国房地产价格（新房）平均溢价6%，远超规模以上工业企业2.4%的利润增速；此外，电力、热力、燃气及水的生产和供应业投资增长17.6%，居固定资产投资增长各板块的第一位，这种投资扩张需要有后期的产能相适应，以确保合理的投资收益情况。

中国进出口形势持续好转，贸易条件总体改善，但受制于订单的来源和特点，生产企业扩张产能的需求并不突出。2020年中国货物进出口总额为32.2万亿元，同比增长1.9%，在全球贸易总额预期下降10%左右的背景下，[①] 这一增速的取得难能可贵。从进出口的规模结构来看，总体呈现出改善的局面，2020年全年出口规模17.9万亿元，增长4%；进口规模14.2万亿元，下降0.7%，进出口相抵，贸易顺差为3.7万亿

---

① IMF在2020年10月的《世界经济展望》报告中预测。

元，增长 27.6%。值得关注的是，在出口形势持续好转的情况下，生产出口商品的制造企业的固定资产投资规模并没有显著扩张，而是采用加班加点的方式予以扩大生产。在调研中，相关企业明确表示，从现行出口订单的来源看，主要是卖方订单的转让而并非买方的直接订单，订单的稳定性差，一旦疫情形势好转，现有卖方不再进行订单转让，新投资的产能往往缺少市场渠道，不如在固定资产投资上先保持观望的态度。从这一点来看，持续扩大的国内市场需求，不仅对内贸企业，而且对出口企业都有相当的稳定和促进作用。

（三）产业发展综合平衡，但高质量生产微观基础仍待提升

2020 年，中国三次产业都实现了良好的正增长局面，产业结构上表现出平衡、协调的特点。但值得注意的是，规模以上制造业（实体经济的典型代表）的增加值增速、固定资产投资增速和企业利润总额的增速并不成比例，影响了未来经济形势的稳定性判断，从而得出中国经济复苏形势仍不够稳固的初步结论。

2020 年，中国农业生产再攀新高，粮食总产量达到 66949 万吨，同比增长 0.9%；猪牛羊禽肉总产量为 7639 万吨，同比减少 0.1%；农业固定资产投资增速达到 19.5%，农业增加值则达到 7.8 万亿元，同比增

长3%。工业企业的生产经营状况也在持续改善，全年规模以上工业增加值同比上升2.8%，增速超过GDP的水平0.5个百分点。其中，制造业增加值增速为3.4%，总体较工业企业略快；电力、热力、燃气及水的生产和供应业的增加值仅增长2%，远低于其固定资产投资17.6%的水平。服务业生产指数与2019年基本持平，增加值总规模为55.4万亿元，占GDP的比重为54.5%，增速为2.1%，略低于GDP的平均增速水平。其中，信息服务业、金融业的增加值增速较快，分别为16.9%和7%；其他现代服务业也出现了较为明显的增长，但与人员流动和集聚相关的服务业受到的影响较大，仍未进入正增长区间。

值得关注的仍是中国生产性企业近年来的"老问题"，即规模以上工业企业的增加值增速、主营业务收入增速和利润总额增速的协调性并不好，从而影响企业生产的高质量发展转型。以图11中2020年1—11月情况来看，直观上，三条曲线呈现出加速收敛的特征，指向的一致性较好，但仔细分析三者之间的关系仍可看到这一过程中的比例失衡情况。从主营业务收入来看，到2020年11月才基本恢复到2019年的水平，同期的增加值增速上升到2.3%，其间企业收入中的增加值率是提高的，导致的原因可能是劳动替代资本（活劳动的用量增加）、产品售价的涨幅超过了购进价格的涨幅以及企业生产效率提高从而有利于增加值溢价等。而从企业利润的情况来看，初期利润总额降幅明显，与营业收入和增加值的形势是匹配的，随着增加值的回升，利润总额表现出更快速上升的局面，形成这一现象的原因是企业产能在恢复的同时，产品的出厂价格涨幅超过了购进价格涨幅，而并非企业生产效率提高所导致的增加值溢价等原因（如果是生产效率的提高，则增加值增速要超过利润增速），高质量发展的微观基础尚未完全形成。

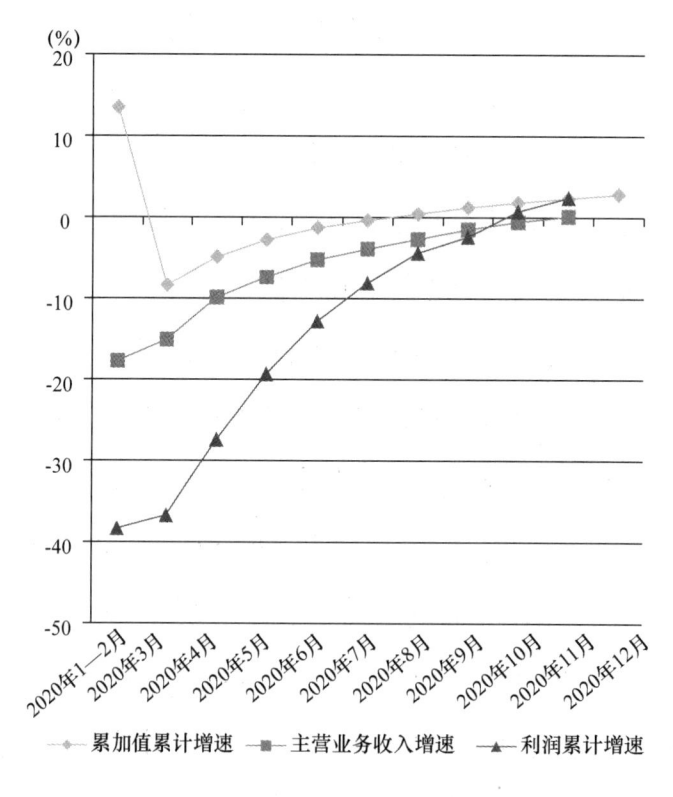

图11 2020年中国规模以上工业企业的增长指标情况

资料来源：国家统计局数据库。

(四) 金融市场运行平稳，货币政策常态化须协调推进

2020年，中国金融市场的运行总体平稳，非金融企业境内股票融资达到8923亿元，同比增加5444亿元，增速为156%；而企业债券净融资的规模达到4.45万亿元，同比增加1.11万亿元，增速为33%；政府债券市场净融资8.34万亿元，同比增加3.62万亿元，增速为77%。中国2020年社会融资总额（增量）的平均增速为36%，上述直接融资渠道均接近或超过了该平均增速的水平。2020年纳入社会融资总额统计的直接融资规模共计13.68万亿元，同比增长5.27万亿元，平均增速为39%，超过社会融资总额（增量）的平均增速，占整体融资的比重为39%左右。中国金融市场和融资活动的各项指标正在有序的改善中。

1. 异常增长的货币乘数主要来自房地产市场，必须尽快修正

从货币市场来看，受到货币发行渠道改革和国内结构性投资性存款规模较大等因素影响，中国央行在货币供应量上走了与美联储截然不同的道路：控制基础货币的投放总量，通过加大货币乘数的方式，增加市场流动性的供给。图12较好地反映了中国货币供给方式的特点。货币乘数的提高方法有三个主要渠道：一是提升金融市场的效率，加速资金周转速度；二是

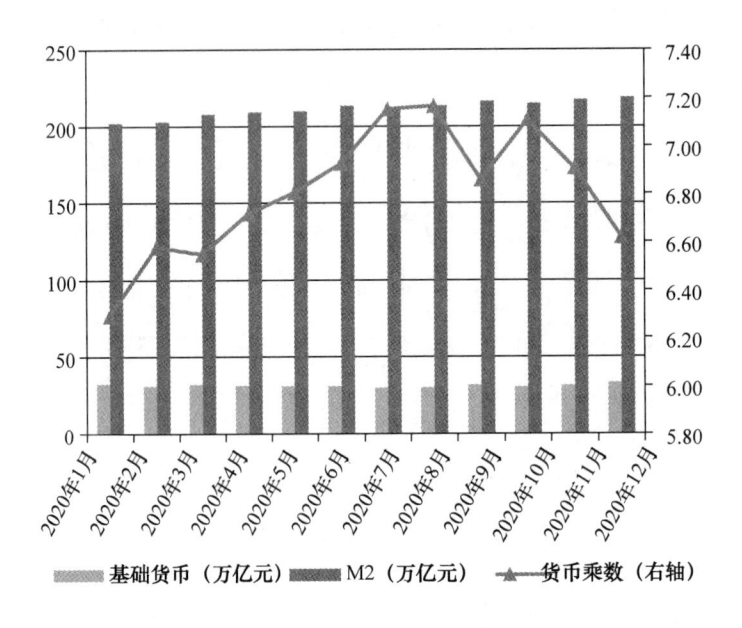

图 12　2020 年我国货币供应量的基本情况

资料来源：根据中国人民银行数据库数据整理计算。

依托房地产市场，形成快速的信贷和存款的转换（不同居民间，而不是直接的存转贷）；三是扩大存款账户的范围，将更多的表内账户调整为存款概念覆盖下的账户，从而增大存款来源和规模。根据货币数量公式，中国 2020 年的货币周转速度达到了 0.46，为改革开放以来货币周转速度的新低（如表 7 所示）；而 2020 年，央行并未对存款账户的范围和类型进行调整，故这个层面的原因也并不存在。这样，我国 M2 增长的主要来源将是第二个渠道，这说明，我国在 2020 年的信贷结构中，不管名义的投放结构如何，实际上还是有比名义规模更多的信贷资金通过其他间接渠道流入了房地产市场。

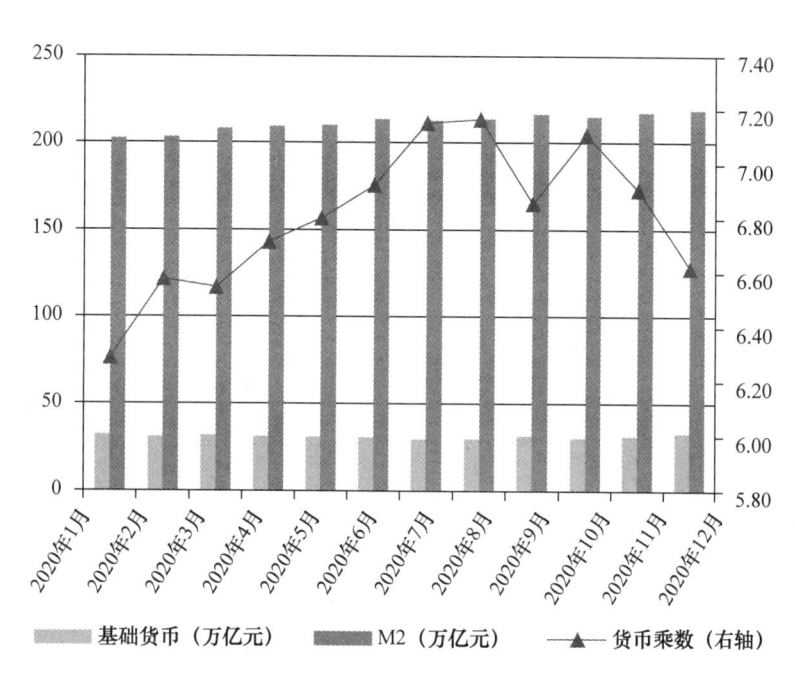

图13 2020年中国货币供应量的基本情况

资料来源：根据中国人民银行数据库数据整理计算。

表7 2015—2020年中国货币周转速度的数据统计

年份 项目	2015	2016	2017	2018	2019	2020
GDP（万亿元）	68.9	74.6	83.2	91.9	98.7	101.6
M2（万亿元）	139.2	155	169	182.7	198.6	218.7
货币周转速度	0.49	0.48	0.49	0.50	0.50	0.46

资料来源：根据中国人民银行数据库数据整理和计算。

从上述的货币供应方式来看，央行将货币供应渠道上的不足通过货币乘数的扩张进行了有效弥补，从而为货币政策在未来扩大基础货币供给留有了余地，可以保持政策的主动性避免市场端在传递上的不确定性。美联储的操作则是建立在美国金融市场高度发达的价格传导机制和配置能力上的，通过快速增加基础货币供给，形成对当期资金需求的提供，并大幅度降低中短期利率，支持实体经济的投融资扩张，提升生产性企业的资产收益能力；随着基础货币供应量的减少或停止，货币市场转向由银行体系持续派生，派生的方向是收益率较高的资产，也即实体经济的生产性资产，从而推动利率曲线保持正向斜率。从上述操作上看，中美两国央行各有所长，其手段落点的差异是基于两国市场的现实考量，且都为未来货币政策留有了空间和余地。

　　从第四季度的情况来看，中国基础货币的供应量开始加大，说明央行注意到货币乘数的异常扩张，并开始强化对商业银行信贷资金的穿透管理。总体预计，随着对房地产贷款的渠道穿透和最大信贷比例限制的严格实施，中国贷款与存款之间的转换速度将明显放缓（实体经济的转换速度要显著低于房地产投资），从而导致货币乘数下滑。央行大概率会从第四季度起直至 2022 年保持基础货币的适度扩张，以适应房地产调控对流动性的压力，以及流动性收缩对其他资产价格的压力。接下来，央行的三项政策将会是货币政策正常化安排中的重要构成，即：一是基础货币保持适度扩张；二是再贷款更加强调最终流向；三是中期借贷便利更加注重抵押资产的实体经济属性而不是现行的嵌入房地产市场的"安全性"。预计到2021年底，中国M2的规模将达到238万亿元，货币乘数回落至5.7左右，基础货币量将达到41万亿元左右，较当前增加约8万亿元，须将8万亿元的基础货币投放与实体经济的增长和风险管理紧紧相连，并坚决、彻底地对房地产市场实施新增资金流入的限制（稳存量、限增量），在保持宏观杠杆率稳定的同时，优化债务资源的分布结构。

2. 重视中美间的差异，不将共同表现出的M1快速增长简单对待

与美国M1的表现几乎一致，中国在2020年的M1也保持了较明显的快速增长，M1的年末余额达到62.56万亿元，同比增长8.6%，具体如图14所示。对此，央行调查统计司的负责人认为主要是由以下原因导致：一是在稳企业、保就业的结构性政策支持下，传统的制造业、批发零售业得到了大量的资金支持，推动了企业活期存款增加较快；二是一些行业获得了比较多的资金支持，但是由于项目还没有全部实施，所以形成了一定的资金沉淀；三是2019年10月以来，金融管理部门持续对结构性存款等产品进行规范，部

分资金流向了活期存款中的协定存款。这三个方面的总结，除了第三条表现出中国的实际特殊性以外，其他两点与美联储对美国货币运行异常的释义并无明显区别，仿佛是积累了大量的投资能力和市场空间，静待其发力后，就可以将 M1 的高增长转换成 M2 的快速增长，从而回归正常。但实际上，如果综合考虑了以下三点，则应对中国 M1 的异常变化有所警惕，并采取有效的措施予以规范和化解。具体如下。

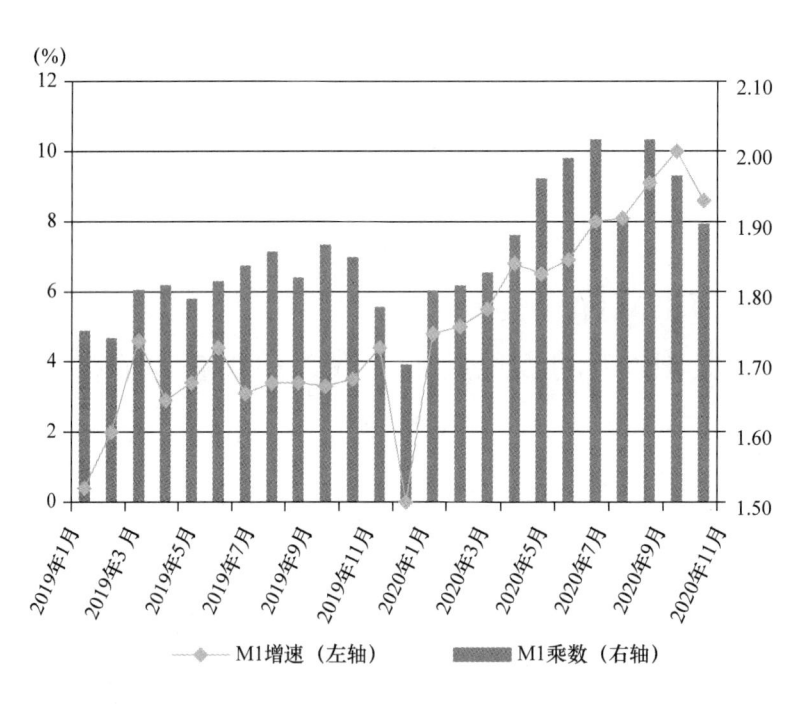

图 14　2019 年与 2020 年中国 M1 增速与乘数的对比变化

资料来源：根据中国人民银行数据库数据整理。

第一，美国是以增加基础货币投放的形式来扩大 M1 的规模，从央行到商业银行体系再到实体经济层面的货币传递路径较为明确。中国则是在保持基础货币供给基本稳定的情况下，利用贷款转存款的派生模式来增加市场流动性供应，这种供给模式必须依赖于法定存款准备金的实质降低或是新的资金配置方式可以比原有的资金配置方式在贷款与存款之间的转换规模和速度更快。从图15来看，中国大型商业银行的实际存款准备金并没有明显降低的情况，直至2020年12月末，大型商业银行的实际存款准备金率仍保持在14.1%的高位，与2019年年末的水平相差不大。这样，中国M1增长最主要的原因就是来自资金配置结构由实体经济向房地产市场转化，而这种资金的实际流向与货币政策的目标并不相符。

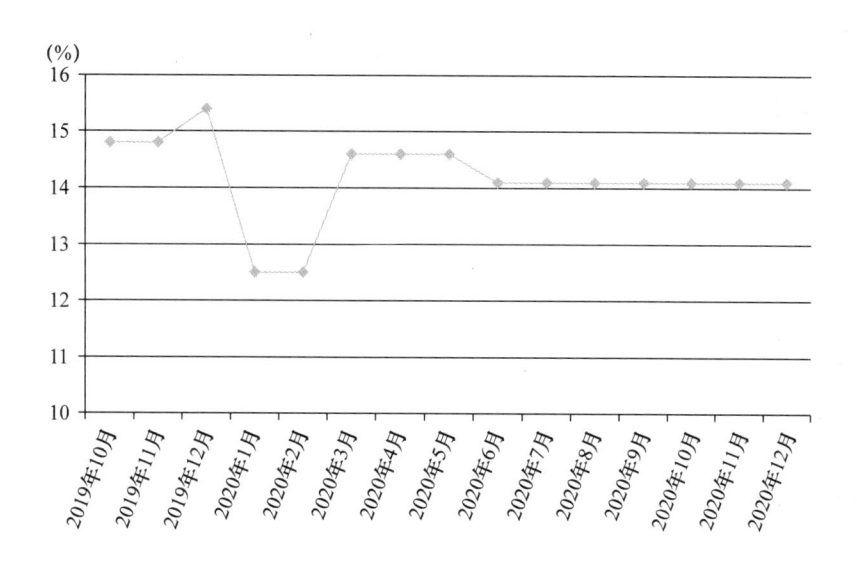

图15 中国大型商业银行的实际存款准备金情况

资料来源：中国人民银行数据库。

第二，2020年中国对商业银行流动性的补充主要采用再贷款的方式，即由商业银行完成对符合标准的实体经济企业贷款后，向央行申请获得再贷款的支持。这种方式相较于中期抵押借贷便利更容易形成对商业银行资金流向的控制，并形成比一般的公开市场操作更好的结构性调控效果。但实际上，这种管理只能在商业银行贷款层面形成信贷资金流入实体经济的引导，至于贷款投放给实体经济企业后的再流向则并未纳入控制的范围。仅从新房市场来看，开发类贷款与个人按揭贷款在2020年的新增额度就达到5.67万亿元，而预计2020年商业银行新增贷款中，名义上流入房地产的部分也仅在6万亿元左右[①]，基本相等。这样，二手房领域新增的贷款则存在无法解释的情况，而且住户存款增加11.3万亿元，较2019年增长13.8%，远超居民名义可支配收入4.7%的增速。此外，根据城镇和农村常住人口的情况计算，住户存款的新增规模与居民可支配收入的储蓄转化能力（11.2万亿元）基本相当（甚至略有超过）。而事实上，非正式的金融渠道将会导致居民可支配收入的明显漏损，居民可支配收入的统计也未必全面，住户存款的快速增长与9月份以

---

① 本部分数据为季度公报数据，目前中国人民银行只公布到2020年第三季度的，第四季度数据是依据经验及其他相关数据推测的。

来的房地产市场繁荣高度相关。

第三，M1 中的活期存款在实体经济端沉淀的时间偏长，伴随着实体经济的复苏和回暖，部分行业的固定资产投资并未出现明显增长。一方面，截至 11 月末，制造业和批发零售业等重点实体经济行业活期存款同比增速 16.5%，新增额占全部单位活期存款的比重是 30%，活期存款的沉淀规模仍在加大；另一方面，制造业的固定资产投资增速仅为 -2.2%，投资规模仍在下降。这说明实体经济的生产性收益和市场稳定性仍然不足，须着力稳定生产性资产的经营收益率，避免资金继续流入以加杠杆为基础的资产溢价型投资领域。

3. 社会融资规模平稳增长，融资结构持续改善

2020 年社会融资总额规模的增量达到 34.86 万亿元，增长 13.9%，明显快于 GDP 的增速，同比增加 9.19 万亿元，增量增速为 35.8%（如表 8 所示）。如此多的融资扩张，如果投资未能有效增加的话，必然会转变为资产价格的上涨和物价水平的上升。因此，2021 年的货币政策必须有效联合财政政策和产业政策，在推动货币政策回归常态化的同地，打通从资本融资到产业投资的传导路径，避免继续催生资产泡沫或诱发通货膨胀。

表8　　　　　中国社会融资规模（增量）统计　　　　单位：亿元;%

社会融资项目	2020年总额	增速	四季度总额	增速
社会融资总额（增量）	348634	35.8	52476	3.65
人民币贷款	200309	18.54	33430	11.91
外币贷款	1449	-213.74	-1603	245.47
委托贷款	-3954	-57.92	-764	-74.03
信托贷款	-11019	217.83	-6882	188.07
未贴现银行承兑汇票	1747	-136.74	-3930	-939.74
企业债券	44466	33.19	3539	-60.48
政府债券	83370	76.62	16057	119.21
非金融境内股票融资	8924	156.58	2824	148.59
存款类金融机构ABS	2110	-47.69	2641	21.09
贷款核销	12180	15.44	4536	11.37

资料来源：中国人民银行数据库。

根据表8，第四季度的社会融资总额（增量）呈现出"双改善"的特点——融资增速适度放缓，新增规模改善；融资更加重视表内和直接融资，渠道结构改善。如第四季度社会融资总额（增量）的增速只有3.65%，形成了对全年融资高速增长的有效收缩，但该匹配政策重点的都得到了保障，如人民币贷款增速保持在11.91%，政府债券融资增速保持在119.21%，股票融资保持在148.59%，贷款核销增速也维持在11.37%的水平。表外融资的三大结构均有所下降，委托贷款、信托贷款和未贴现银行承兑汇票在第四季度的规模（增量）合计为-11576亿元，第四季度末的规模（存量）为20.91万亿元，占社会融资总额（存量）的比重为7.34%，较三季度末下降0.54个百分点，较2019年末下降1.5个百分点。此外，直接融资的规模和占比均有所增加，第四季度的企业债券、政府债券和股票融资规模（增量）约为22420亿元，占比（增量）约为42.72%，较三季度末提高约4.11个百分点，较2019年末提高约9.98个百分点。

4. 国际收支顺差明显增多，多用于补充商业银行外汇缺口

2020年，中国国际收支状况持续改善，由于国际收支平衡表的时间滞后约一个季度，目前主要通过几个外向型经济的渠道来进行分析：[①] 第一，2020年货物贸易顺差约为4215.1亿美元，增长20.1%，是近年来的高位；第二，2020年服务贸易逆差约为1085亿美元，较2019年的逆差额减少约1175亿美元，逆差状况得到了很好的纠正；第三，非金融企业实际利用外资金额为1443.7亿美元，增长4.5%；第四，中国非金融企业对海外的直接投资规模约为1329.4亿美元，增长3.3%；第五，前三季度中国金融企业的海外收支总体表现为顺差198亿美元，全年顺差规模预计为270亿美元左右。这样，可核算口径的国际收支顺差规模为3514.4亿美元，规模为近年来的最大值。

---

① 本处数据来源为商务部、国家外汇管理局。

但是值得关注的是，2020年末，中国外汇储备的规模为32165亿美元，较2019年仅增加了1086亿美元。更令人感到惊奇的是，中国的外汇占款竟然只有21.13万亿元，较2019年年末减少1000亿元（约合150亿美元），与中国巨额的国际收支顺差差异极大。

根据上述分析，中国测算出来的外汇缺口约有2428.4亿美元，这一口径与中国商业银行的实际外汇缺口（2500亿—2800亿美元之间）基本相当。这样，总体判断为，中国2020年的国际收支顺差约有30%纳入外汇储备，另约有70%转为商业银行的外汇收支缺口，并基本消除了中国商业银行暴露在外的外汇风险。

三 财政形势总体好于预期，仍有多项问题值得关注

2020年，全国一般公共预算收入182895亿元，同比下降3.9%，较预算收入的180270亿元增加2625亿元，增速也比预算的-5.3%提高了1.4个百分点，较预算收入增长1.46%。2020年，全国一般公共预算支出245588亿元，同比增长2.8%，较预算支出的247850亿元减少2262亿元，增速比预算的3.8%降低了1个百分点，较预算支出降低0.91%。全国财政的

收支缺口为62693亿元,较预算的收支缺口减少4887亿元,财政运行状况总体好于预期。但从财政收入和支出结构上来看,仍存在以下多项问题,值得关注和认真分析。

(一) 中央财政收入增速低于地方,体制静态调整难度大

2020年中央一般公共预算收入82771亿元,同比下降7.3%;地方一般公共预算本级收入100124亿元,同比下降0.9%。相较于预算案的设计,中央政府的财政收入运行情况与预期情况高度一致,而地方政府的财政收入则较预算收入安排增加了2624亿元,增速也相应地提高了2.6个百分点。中央财政收入增速明显低于地方财政增速,即使与"预算案"相较,中央财政收入形势的相对情况仍明显落后地方财政收入形势。

从收入占比来看,2020年的中央财政一般预算收入占国家财政一般预算收入的比重为45.26%,已经基本上达到了财政体制改革预期目标(中央财政收入:地方财政收入)的45∶55水平。2010年以来,除2017年因营改增改革导致了中央财政收入占比略有上升外,中央财政收入的占比总体呈现持续下降的局面(如图16所示)。在静态状态下,简单地调整中央和地

方的财政体制，中央向地方进一步下放收入的渠道和能力，空间已经受到极大的压缩。

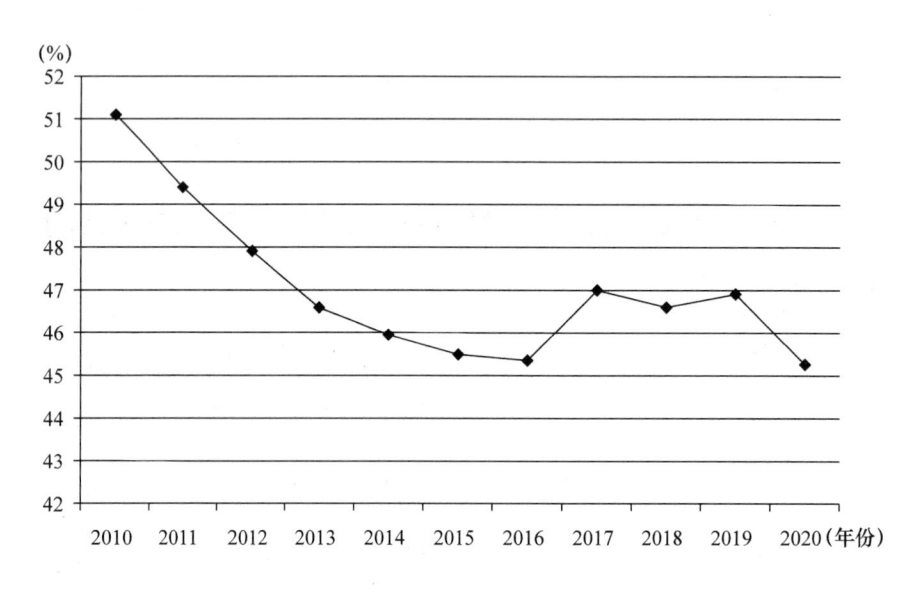

图 16　2010 年以来中国中央财政收入占比情况

资料来源：根据财政部数据库数据整理。

因此，在下一步的财政体制改革之中，应结合"完善地方税体系"和"提高直接税占比"的改革要求，针对地方财政收入的特点推出以不动产为课税对象的财产税，才是进一步稳定中央和地方财政收入格局，增加地方财政实力和行动能力的重要保证。

（二）非税收入仍在快速扩张，财政收入质量值得关注

2020 年，我国非税收入的规模为 28585 亿元，较 2019 年度非税收入水平减少了 3805 亿元；从增速来

看，同比下降了11.7%，较一般公共预算收入的增速低7.8个百分点，较税收收入的增速低9.4个百分点；非税收入占一般公共预算收入的比重为15.63%，较2019年的17.01%的比重下降了1.38个百分点。表面上看，我国2020年财政收入的质量在改善，税收收入占比也在明显提高，但实际上，综合2019年和2020年的情况进行分析，财政收入的质量仍值得关注。

受到减税降低规模达到2.3万亿元的影响，2019年通过增加国有企业上激利润及国有资源、资产收入等方式大幅度提高了非税收入的增速，属于特殊情况下的应急举措，不应作为常例（事实上也影响了政府收入与国有资产之间的合理边界）。如果剔除2019年的异常数据，2020年的非税收入的占比仍然是偏高的（如图17所示），财政收入质量总体下降。

进一步从2020年的非税收入规模的自身变化情况来看，12月的非税收入规模显著超过了平均水平和季度末月度的水平，也超过了2019年12月份的高位（如图18所示）。总体上看，12月份非税收入的过快增长对2021年财政收入的质量提升带来了较大的压力，必须予以严肃的对待和进行有效的改善。

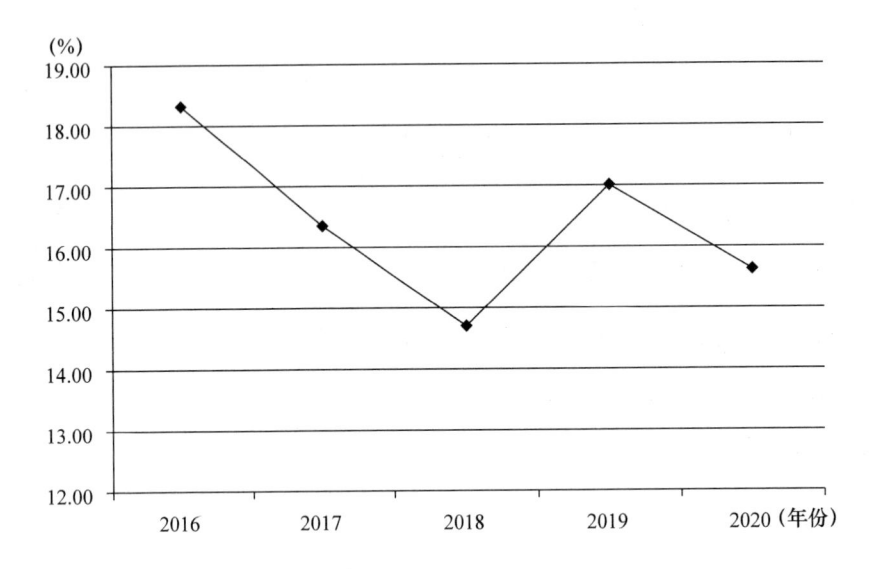

图17 "十三五"时期中国非税收入占比情况

资料来源：根据财政部数据库数据整理。

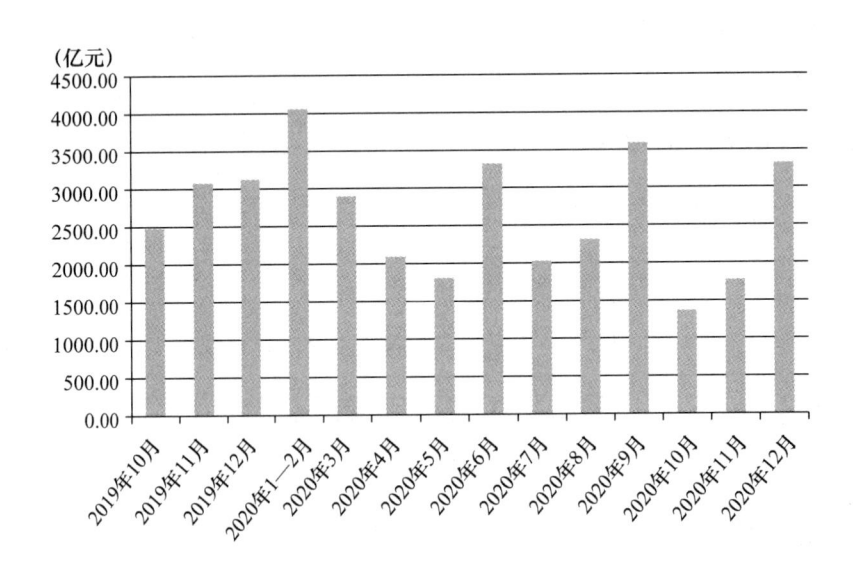

图18 2019年10月以来中国月度非税收入规模

资料来源：根据财政部数据库数据整理。

(三)年末集中支出仍较突出,跨年度预算平衡亟待实施

从 2020 年 12 月的月度数据来看,无论是财政收入还是财政支出都保持了快速增长,但财政支出集中增长的情况更为显著,形成了年终集中支出的局面。由 2020 年 12 月的月度财政支出看,单月支出规模达到 37742 亿元,超过 2019 年 12 月单月支出 32411 亿元的水平;单月支出占全年支出的比重达到 15.37%,超过 2019 年 12 月的单月支出的比重 13.57%。

如果从中国人民银行数据库来看,2020 年年末的国库政府存款余额为 38682 亿元,这一水平较 2019 年年末的 32415 亿元余额水平高出 6267 亿元,为防止资金滥用,保证结余结转资金的效率和效果,亟须建立跨年度预算平衡机制。此外,2020 年 12 月财政一般预算收入的入库资金量是 13406 亿元,债务收入新增量(国债新增收入和地方一般债新增收入)为 8033 亿元,而政府存款减少 9090 亿元,三者合计值为 30529 亿元,与财政部的数据相差 7213 亿元,与上述测算的资金沉淀(6267 亿元)有较好的一致性,也说明跨年度预算平衡机制建立的急迫性和必要性。

四 以扩内需、常态化、去杠杆、增收益作为财政政策治理的主体框架

根据前述分析，2021年宏观经济政策的基本落点集中表现在三个方面：一是应对"我国经济恢复基础尚不牢固"[①]的风险，采取针对性的措施，有效稳固我国经济恢复的基础；二是宏观政策要"保持对经济恢复的必要支持力度"，因此，宏观经济政策既不能收得过快过紧，也不能超过2020年应疫情、逆周期时期的政策力度；三是"提高风险预见预判能力"，统筹好发展和安全的关系，确保宏观调控政策的连续性、稳定性和可持续性。这样，将上述三个方面的政策需求有效整合，并突出相关措施的效力专长，就可以完成2021年宏观调控主体框架的设计和主要构成政策的建议。

（一）2021年宏观调控的主体框架与政策落点

根据上述分析，应对"我国经济恢复基础尚不牢固"问题的关键是找准"尚不牢固"的核心对象，并弄清楚这些对象在整体系统中所处的地位和形成的关系。从中国经济运行的情况来看，"尚不牢固"主要

---

① 本段的直接引用均来自《2020年中央经济工作会议公报》。

表现在四个方面：一是市场需求的扩张"尚不牢固"，需要着力做好消费需求的扩张和投资的内生性增长机制；二是企业生产经营"尚不牢固"，特别是企业债务负担较重，而收入增长缓慢、盈利能力不足；三是资产稳定能力"尚不牢固"，中国的资产价格总体水平较高，且与资产的生产经营收益率的情况不相匹配，一线、二线城市的租售比高达500个月以上，而股市的市盈率也动辄在50倍以上，资产价格稳定的压力较大；四是地方政府的财政形势"尚不牢固"，尽管中国经济在全球率先复苏，并是唯一一个取得了正增长的主要经济体，但受到事权与支出责任的关系和减税降费等政策的影响，部分地方政府仍存在较大的收支缺口和债务偿还压力。

"保持对经济恢复的必要支持力度"则强调宏观经济政策的扩张性，但该政策扩张既要满足政策自身的可持续性要求，又要满足经济恢复所需要的宏观经济政策的支撑力度。因此，2021年的宏观经济政策要做好以下三点：一是政策力度总体上不超过2020年，但要保持政策力度和方向的基本稳定；二是过高的政策指标要向常态化的方向回归，而不是继续保持反危机的政策安排；三是更加重视结构优化和绩效的改进，通过对存量的有效利用和再配置形成支撑能力，从而减少对扩张增量的需求。

此外,"提高风险预见预判能力"强调发展与安全的统筹关系,强调对债务余额较大、生产经营收益率较低、经济增长对固定资产投资和新增债务的依赖性较强等问题的有效控制和化解。在政策端主要做好以下三个方面的工作:一是严格控制信贷资金流入房地产市场,对房地产开征财产税,稳定家庭债务负担,保证家庭资产负债表的安全;二是降低政府对土地出让收入的依赖,坚决遏制政府隐性债务的增长,优化专项债务的项目投入,保障政府资产负债表的安全;三是加大对实体经济企业的支持力度,降低税费成本和融资成本,打破市场的刚性兑付,在加杠杆的同时增强偿债能力,稳住企业资产负债表。

将上述三个方面的政策需求进行汇总整理,形成了如表9所示的政策需求矩阵。

表9　　　　　　　　2021年宏观调控的政策需求矩阵

调控目标	政策需求	政策性质	主要政策措施
应对"我国经济恢复基础尚不牢固"	化解市场需求不牢固	扩内需	消费补贴;投资撬动;消费金融
	化解生产经营不牢固	增收益	减税降费;降贷款利率
	化解资产价值不牢固	去杠杆	征财产税;收益率定价
	化解财政形势不牢固	常态化	优化减税降费;事权与支出责任相适应
"保持对经济恢复的必要支持力度"	政策力度不超2020年	扩内需	保持总量适度扩张
	过高指标适度降低	常态化	政策指标收缩常态化
	重视结构优化和绩效改进	去杠杆	存量的有效利用和再配置,减少增量依赖

续表

调控目标	政策需求	政策性质	主要政策措施
"提高风险预见预判能力"	家庭资产负债表安全	去杠杆	控债务；加财产税
	政府资产负债表安全	常态化	优专项债；控隐性债
	企业资产负债表安全	增收益	降成本；破刚兑

本部分将2021年的财政税收政策和货币金融政策按照扩内需、常态化、去杠杆、增收益等四个政策取向进行归类整理，并按照系统管理的要求，形成合力，消除政策间的抵销和干预。

（二）2021年财政政策的框架设计与重点内容

2020年中央经济工作会议明确指出，"积极的财政政策要提质增效、更可持续，保持适度支出强度，增强国家重大战略任务财力保障，在促进科技创新、加快经济结构调整、调节收入分配上主动作为，抓实化解地方政府隐性债务风险工作，党政机关要坚持过紧日子"。这样，以提质增效、更可持续作为财政政策的整体框架，并以扩内需、常态化、去杠杆、增收益构建2021年财政政策的任务主线。

1. 2021年财政政策的框架设计

2021年积极的财政政策"更可持续"主要从支出规模和政策力度着力。从支出规模上看，财政政策要兼顾稳增长和防风险需要，保持政府总体杠杆率基本稳定，合理确定赤字率和地方政府专项债券规模，严厉管控新增隐性债务，适度加大再融资债券的规模，为今后应对新的风险挑战留出政策空间。与此同时，从政策上还必须保持适度支出强度，以确保经济社会总需求的基本稳定，提升企业家信心和平稳资产价格，并为下一步化解债务压力准备条件。此外，在收入增量仍然缓慢的情况下，要着力加大预算统筹力度，提升资金的整合能力，在符合法律法规的情况下，大力盘活存量资金，增强国家重大战略任务财力保障。

2021年积极的财政政策"提质增效"主要从优化结构和加强管理着力。提质的关键既包括财政收入质量，也包括财政支出质量，还包括债务资金的质量；增效的关键则是在抓好资产使用管理绩效的同时，延伸到资金的实际使用支出绩效，重视财政资金在合规性下的实际产出规模、效率和效益。财政收入质量的提高必须要坚持严格依法依规组织收入，决不允许出现涉企乱收费、乱摊派，也不得出现乱罚款的行为，到期的政府性基金能取消的一律取消，不能取消的也要降低收费标准；财政支出质量的提高应着力建立实施常态化的财政资金直达机制，提高财政支出效率，并落实好"党政机关要坚持过紧日子"的要求，进一步调整优化支出结构；债务资金质量的提高要全面加强债务资金的实施机制，着力在完善债务偿还机制和专项债投资项目安排上下功夫，切实提升债务资金的效能和投资效益。在增效的目标下,要着力推进全面实施预算绩效管理的各项工作,更加突出绩效导向,加快建立全方位全过程全覆盖的预算绩效管理体系,切实做到花钱要问效、无效要问责。

除上述内容外,还必须做好预算统筹平衡工作,将财政增量与存量、中央资金与地方财力、一次性资金与跨年度支出之间的关系处理好,累加政策效力,避免抵消内耗。在政策上,各地要加大预算统筹力度,努力实现跨年度平衡,政策不急转弯;要尽量节省部分资金用于平衡2021年预算;要用好抗疫资金特别是国债资金,按规定将剩余资金结转到2021年使用,用于满足抗疫等支出需求。

2. 推进"扩内需"的财政政策措施

在2021年的财政政策中,"扩内需"的重点在于增加消费、扩大投资、稳定就业、完善公共服务,并拓展至优化收入分配结构,优化政府债务资金管理,提升新型城镇化水平等方面。主要政策措施有以下几个。

第一,促进扩大居民消费的财政政策。要着力加大税收、社保、转移支付等调节力度,健全工资合理增长机制,着力提高低收入群体收入,扩大中等收入群体;并要加大支持力度,补齐农村流通短板,提升农村地区的冷链、仓储和集合运输水平,畅通"工业品下乡""农产品进城"渠道。

第二，发挥政府投资撬动作用，激发民间投资活力，形成市场主导的投资内生增长机制。用好中央基建投资、地方政府债券资金，优化投资结构，重点用于补齐农业农村、生态环保、物资储备、防灾减灾、民生保障等领域短板，推进"两新一重"等重大工程建设。

第三，支持落实就业优先政策。要着力统筹用好就业补助资金、职业技能提升行动资金、工业企业结构调整专项奖补资金、失业保险基金等，加大对重点群体就业的帮扶，推动稳住就业基本盘。支持高职院校扩招，加大对农民工群体、"4050"群体和其他劳动者的技能培训支持，一方面提升要素质量，另一方面增加提高就业能力，增加收入水平。

第四，完善公共服务提供机制。要着力推动建立民生支出清单管理制度，会同相关行业主管部门，对本地区出台的各领域民生政策进行梳理，逐步建立本地区民生支出清单，明确相关政策名称、保障范围、支出标准、备案流程等，按程序报上级政府备案，提高民生支出管理的规范性和透明度。

第五，优化政府债务管理，用好地方政府专项债券。要按照"资金跟着项目走"的原则，适当放宽发行时间限制，合理扩大使用范围，有效利用专项债券的多种使用方式，提高债券资金使用绩效。推动专项债券与 PPP 模式规范有序融合发展，形成政策合力和增强综合效益。债券资金主要用于中共中央、国务院确定的重点领域项目，优先支持在建工程后续融资。

第六，优化转移支付制度和推进"以人为本"的新型城镇化。财政政策要有效支持实施城市更新行动，推动城镇老旧小区改造和住房租赁市场发展；形成对用于租赁住房建设土地收入的财政管理体制机制，统筹考虑租赁住房的特点和相关土地税收、租金所得税税收的特征，切实降低租赁住房税费负担；用好中央财政农业转移人口市民化奖励资金，完善专项转移支付机制和水平，健全成本分担机制，保障农业转移人口基本公共服务需求。

3. 促进"常态化"的财政政策措施

2021 年财政政策的取向仍是积极的财政政策，其目标要维持适当的支出力度，并巩固经济复苏的基础，因此，"常态化"的主要表现是相对性的、制度性的和规则性的，而不是直接表现为财政支出的规模和政策手段的密集程度。主要包括以下四个方面。

第一，推动财政体制改革尽快步入常态化建设的轨道。受到疫情的影响和冲击，地方财政运行出现了一定程度的困难和压力，财政体制改革的主线从建立财政事权与支出责任、财力水平相适应的体制机制向补充地方政府财力、维护地方"三保"能力等问题偏移。2021年财政体制改革的重点工作包括：一是推进知识产权保护、养老保险等领域中央与地方财政事权和支出责任划分改革；二是积极推动省以下财政体制改革，依法规范财政体制，保障基层政府的合法利益，衔接中央"直达机制"常态化管理模式；三是深化预算管理制度改革，制定进一步深化预算管理制度改革的意见，大力推进财政支出标准化建设，强化标准应用和调整机制；四是以国际化、功能化和效益化为原则，加快推进政府采购制度改革，结合事业单位改革、优化公共服务提供和适度增加公共消费支出的要求，加强和规范政府购买服务。

第二，完善国有资产管理体制机制，维护政府与国有企业、资产间的关系常态化。受2019年大规模减税降费和2020年新冠肺炎疫情冲击的影响，财政总体加大了对国有企业经营收益的筹集力度，并调入一般公共预算，形成了非税收入增长的重要来源。2021年的财政政策要着力推进国有资产管理改革，形成以管资本为主来加强国有资产监管的体制机制，主要的财政政策措施包括：一是以完善国有资本管理为抓手，重点推进国有资本投资公司、运营公司的组建和运营工作，调整优化国有资本分布结构和领域；二是扎实落实国企改革三年行动的支持工作，财政要发挥好"突破口"和"稳定器"的双重作用，既支持在相关行业主动打破国企垄断,支持混合所有制企业发展,又做好国有企业"主辅分离"的支撑工作,有序剥离"三供一业";三是健全国有金融资本授权经营体制和激励约束机制,推动国有重点金融机构改革,建立专项债资金补充和投资商业银行等金融机构股权的常态化机制,形成有进有退的良性机制。

第三,进一步增强民生政策措施有效性和可持续性,使民生支出回归常态化模式。要把政府的民生支出建立在更有效、更可持续的基础上,加强财政可承受能力评估,对拟出台的民生政策和项目,全面分析对财政支出的短期和长远影响,对评估认定财政难以承受的,一律不得实施。

第四,落实"四个不摘"要求,保持财政对扶贫支持政策和资金规模总体稳定。财政的农村支出和乡村振兴支出要重点向巩固拓展脱贫攻坚成果任务重、乡村振兴底子差的地区倾斜,加强资金资产项目管理。此外,要扎实推进定点帮扶工作,坚持扶贫与扶志、扶智相结合,增强支农政策的主动性和有效性。

4. 落实"去杠杆"的财政政策措施

"十四五"时期要统筹好发展和安全,有效控制和防范经济运行风险,降低宏观债务负担和政府杠杆水平。财政政策的总体要求是全面加强地方政府债务管理,落实好地方政府隐性债务风险化解工作。主要政策措施包括以下四个。

第一，厘清地方政府隐性债务的属性与范围。根据2017年的中发27号文和2018年国发40号文的内容，将符合政府隐性债务要求的相关债务予以确认、认定，只有在认定范围内的债务才能被认为是隐性债务，纳入转化和化解的范围。这样，地方政府融资平台公司在2015年1月1日以后的新发债务，按照《国务院关于加强地方政府性债务管理的意见》（国发〔2014〕43号文）的要求，只能被认定为企业债，不能被认定为地方政府的隐性债务。

第二，严控地方政府新增加的隐性债务。对于2017年底以来地方政府因担保、承诺、回购条款、明股实债等新增加的隐性债务一律不予以纳入化解的范围，并推动纳入相关政府领导的责任考核和离任审计。

第三，采取有效措施化解地方政府隐性债务。化解的主要方法：一是认真分析和评估债务资金投资资产处置的可能性和市场价格水平，选择可行性强、市场价格高且产权清晰的资产予以出售；二是与债权人协商一致，在有效维护债权人利益的前提下，根据项目的收益和市场潜力，实施"债转股"；三是对政府持有的部分资产、资源进行处置，并将收入纳入隐性债务化解的专项范围，以国有资产、资源的处置收入偿付部分到期的隐性债务；四是动用地方政府一般公共预算资金，对到期的地方政府隐性债务进行实际偿还，以减少债务本金，降低利息负担；五是准予发行一定规模的再融资债券，对隐性债务进行置换，并通过表内负债降低原隐性债务的利息负担。

第四，大力推进PPP、政府投资基金等股权融资方式，发挥专项债券在投资方式上的灵活性，形成股债结合、劣后+优先、资本金+再融资撬动等多种投融资方式。但无论如何操作，均不可形成新增的隐性债务，也必须全面考虑政府对债务的承受能力和财政的可持续性。

5. 全面提升"增收益"的财政政策措施

从当前的情况来看，无论是推进实体经济的有序发展，还是维护资产价格保持稳定，抑或是化解累积下来的债务负担，都需要有良好的生产经营性的收益保障，"增收益"是巩固经济增长基础，形成新发展格局的治本之策。2021年的主要财政政策措施包括以下几个。

第一，加大税收制度改革，持续推进减税降费。综合考虑财政承受能力和实施助企纾困政策需要，要保持一定的减税降费力度，保持政策的连续性。健全地方税体系，推进消费税征收环节后移改革并下划地方。通过税收立法授权，适当扩大省级税收管理权限。研究适时完善综合与分类相结合的个人所得税制度。

积极推进增值税、消费税等税收立法。各地要加大各类违规涉企收费整治力度，坚决防止弱化减税降费政策红利。

第二，加强预算执行管理。严格执行预算法及其实施条例，依法依规组织收入、安排支出。强化预算对执行的控制，加强预算执行动态监控，严禁超预算、无预算支出。进一步加强地方财政暂付款管理，避免暂付款成为以拨代支、拖欠工程款项和代偿债务的渠道。加快预算管理一体化建设，各地要尽快完成系统建设，与财政部全国预算管理汇总系统对接，中央一体化系统建设要抓紧研究推进。

第三，坚持把科技作为财政支出重点领域。推动构建社会主义市场经济条件下新型举国体制，既重视力量的集中与行动的一致，又看重运行的效率和效益，打好关键核心技术攻坚战。强化国家战略科技力量，支持国家实验室建设、重组国家重点实验室体系，加大对高水平创新人才及团队、科研机构稳定支持力度。健全鼓励支持基础研究、原始创新的体制机制。支持企业参与国家重大科技创新战略，发挥企业家在创新驱动发展中的探索者、组织者、引领者作用。

第四，进一步完善并抓好直达机制落实。按照"扩大范围、完善机制、严格监管、强化支撑"的原则，在保持中央和地方财政关系基本不变的前提下，扩大中央财政直达资金范围，将直接用于基层财力保障的一般性转移支付、年初可直接分配的中央对地方共同财政事权转移支付、具备条件的专项转移支付纳入直达范围，基本实现中央财政民生补助资金全覆盖。同时，提高直达资金管理水平，完善监控系统，确保资金安全，不断完善管理体制和运行模式，增强直达机制政策效果。

第五，完善财政支农政策，保障国家粮食安全，促进现代农业发展。支持耕地质量保护和地力提升，大力推进高标准农田和农田水利建设，推进东北黑土地保护性耕作行动计划；完善粮食主产区利益补偿机制，继续实施产粮大县奖励政策，全力支持农业良种培育，大力推进种业发展，促进良种市场的全面发展；优化粮食储备结构，推进国家粮食等关键农作物收储制度改革，增强国家粮食调控能力，保障农产品种植者、生产者的利益；提高农业质量效益，加大先进、高端、智能化农机补贴力度，提升农业机械化水平和农业生产效率；积极培育多元化新型农业经营主体，深入推进国家现代农业产业园、农业产业强镇和优势特色产业集群建设。加大财政补贴力度，积极推进地方试点，不断完善产品收费和保障标准，扩大三大粮食作物完全成本保险和收入保险、大灾保险试点范围，形成农产品市场价格的科学预测机制。

第六，完善社保基金管理。深化投资运营管理体制机制改革，持续做大做强战略储备基金，加强划转中央企业国有股权管理，提升地方委托养老基金管理效能。

（执笔人：闫坤、张鹏）

参考文献

《中共中央关于制定国民经济和社会发展第十四个五年规划和二〇三五年远景目标的建议》,《人民日报》2020年11月4日。

《中国人民银行关于进一步强化金融支持防控新型冠状病毒感染肺炎疫情的通知》(银发〔2020〕29号),中国人民银行网站,2019年1月31日,http://www.pbc.gov.cn。

《中央经济工作会议公报》,《人民日报》2020年12月19日。

《中央经济工作会议在北京举行 习近平李克强作重要讲话》,新华社,2019年12月12日。

财政部数据库,http://www.mof.gov.cn/gkml/caizhengshuju/index_2.htm。

财政部数据库,http://www.mof.gov.cn/gkml/caizhengshuju/。

蔡昉：《疫情冲击和应对政策的特征化事实》，《财经智库》2020年第3期。

国家统计局数据库，http://data.stats.gov.cn/。

国家统计局数据库，http://www.stats.gov.cn/tjsj/zxfb/。

国家外汇管理局数据库，http://www.safe.gov.cn/safe/tjsj1/index.html。

国家制造强国建设战略咨询委员会：《"工业四基"发展目录（2016—2020）》，2016年11月。

李克强：《政府工作报告》，新华社，2020年5月22日。

李雪松、汪红驹、冯明、李双双、张彬斌：《应对疫情全球大流行冲击实施一揽子纾困救助计划》，《财经智库》2020年第2期。

联合国工业发展组织：《2020年工业发展报告》，2020年2月。

联合国贸易和发展会议：《2020年贸易和发展报告》，2020年9月。

刘诚：《西方货币政策失效及其对我国的启示》，《经济要参》2020年第2期。

刘昆：《在全国财政工作会议上的讲话》，《中国财政》2021年第1期。

美国财政部数据库，https://home.treasury.gov/。

美国方面的数据来自 Wind 数据库的支持。

美国经济分析局数据库，https：//www.bea.gov/data。

美国劳工统计局数据库，https：//www.bls.gov/。

美国人口统计局数据库，http：//www.bls.gov/data。

美联储数据库，https：//www.federalreserve.gov/data.htm。

彭博数据服务。

万得数据服务。

王晓霞：《疫情全球蔓延，中国财政政策如何发力？》，《财经》2020 年第 6 期。

习近平：《关于〈中共中央关于制定国民经济和社会发展第十四个五年规划和二〇三五年远景目标的建议〉的说明》，新华网，2020 - 11 - 3；

习近平：《深化金融供给侧结构性改革增强金融服务实体经济能力》，新华网，2019 年 2 月 23 日，http：www.xinhuanet.com/2019 - 02/23/c_1124153936.htm?agt = 1。

张茉楠：《第三次全球经济大冲击的判断及对策》，《经济要参》2020 年第 14 期。

中共中央政治局会议：《分析国内外新冠肺炎疫情防控和经济运行形势，研究部署进一步统筹推进疫情防控和经济社会发展工作》，新华网，2020 年 3 月 27 日，http：//www.xinhuanet.com/2020 - 03/27/c_1125778783.htm。

中共中央政治局会议:《分析国内外新冠肺炎疫情防控形势研究部署抓紧抓实抓细常态化疫情防控工作分析研究当前经济形势和经济工作》,新华网,2020年4月17日,http://www.xinhuanet.com/politics/leaders/2020-04/17/c_1125872384.htm。

中国工程院:《中国制造业产业链安全评估》,2019年10月。

中国人民银行数据库,http://www.pbc.gov.cn/diaochatongjisi/116219/116319/index.html。

中国人民银行数据库,http://www.pbc.gov.cn/diaochatongjisi/116219/index.html。

中华人民共和国商务部数据库,http://www.mofcom.gov.cn/article/tongjiziliao/。

IMF:《世界经济展望》,2020年10月。

Bradley, C., W. Choi, J. Seong, B. Stretch, O. Tonby, P. Wang, and J. Woetzel, "The Future of Asia: Decoding the Value and Performance of Corporate Asia", *McKinsey Global Institute*, June 2020.

Evans, G. W., Guse, E., and Honkapohja, S., "Liquidity Traps, Learning and Stagnation", *European Economic Review*, 2008, 52 (8).

Harstad, B., "Technology and Time Inconsistency", *Journal of Political Economy*, 2020, 128 (7).

Kissler, S. M., C. Tedijanto, E. Goldstein, Y. H. Grad, M. Lipsitch, "Projecting the Transmission Dynamics of SARS-CoV – 2 through the Postpandemic Period", *Science*, 2020, 368.

Lund, S., J. Manyika, and J. Woetzel, et al., "Risk, Resilience, and Rebalancing in Global Value Chains", *McKinsey Global Institute*, August 2020.

McKinsey Global Institute, "China and the World: Inside the Dynamics of a Changing Relationship", July 2019.

闫坤（曾用名：阎坤），女，1964年生，经济学博士、管理学博士后。现任中国社科院财经战略研究院党委书记、二级研究员、博士生导师。中国社科院城乡发展一体化智库副理事长、中国财政学会常务理事、"新世纪百千万人才工程"国家级人选，享受国务院政府特殊津贴专家。

近年来，多次承担国家社科基金课题和中国社科院重点课题，已出版专著《中国县乡财政体制研究》等6部，合著《公共支出理论前沿》等15部，在《经济研究》《管理世界》等学术杂志上发表论文200余篇，并荣获第五次全国财政理论优秀科研成果一等奖、中国社会科学院第二届和第十届优秀科研成果奖、财政部优秀论文一等奖、2015年度邓子基财税学术论文一等奖、财政部"中国财政与改革开放30年征文"专题论文奖一等奖等多种奖项。

曾多次赴美国、日本、法国、德国讲学。主要研究领域是宏观经济与财政理论。